手間いらずで一年中美しい

樹木とリーフで小さな庭づくり

安元祥恵 監修

ナツメ社

木とリーフで癒やしの庭を

昨今、庭やエントランスなどに木を植えたいという方が増えています。
それだけ自然を身近に感じたい方が多いのでしょう。
木を生かした庭づくりのコツは、足元をさまざまなリーフ類や低木で彩ること。
花がない季節も美しい葉が華やかさを添えてくれます。
木とリーフでつくる庭はコツをつかめば、忙しい方でも無理なく楽しめます。
あなたも日々の暮らしに木と葉が美しい植物を取り入れて
自然の息吹を間近に感じてみませんか。

小さいスペースこそ 木とリーフが生きる

狭いスペースしかないからと木を諦めていませんか？
実は小さいスペースこそ、木が生きるのです。
木は建物や構造物の空間を立体的に演出し、
景観を一気に変えてくれます。
木とリーフ類を上手に組み合わせれば

おしゃれなアパート前にアオダモとリーフのミニ植栽

玄関先の空間を
オーストラリアンプランツと
リーフで魅力的に

植物の種類が少なくても、
充実した風景がつくれます。
スペースに合わせた植物を選び
創造力を働かせて
個性豊かなツリーガーデンを実現させましょう。

バスケット型プランターに
小さな木とリーフで
グリーンのグラデーション

ジューンベリーと低木で
小さい空間ながら華やか

コハウチワカエデと苔で
アプローチの入り口を
和テイストに

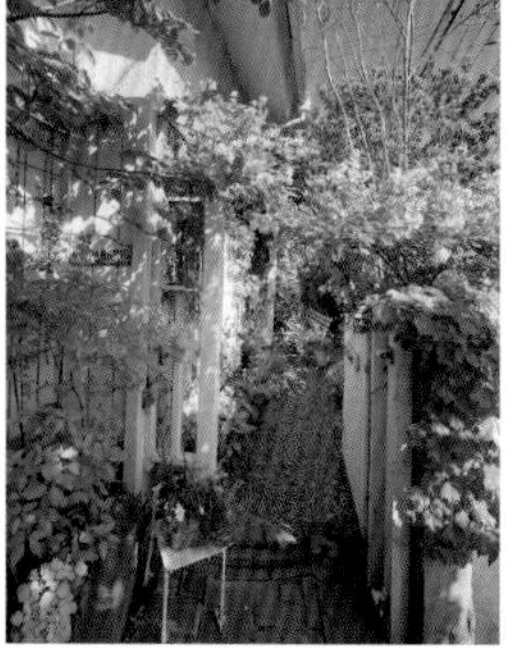
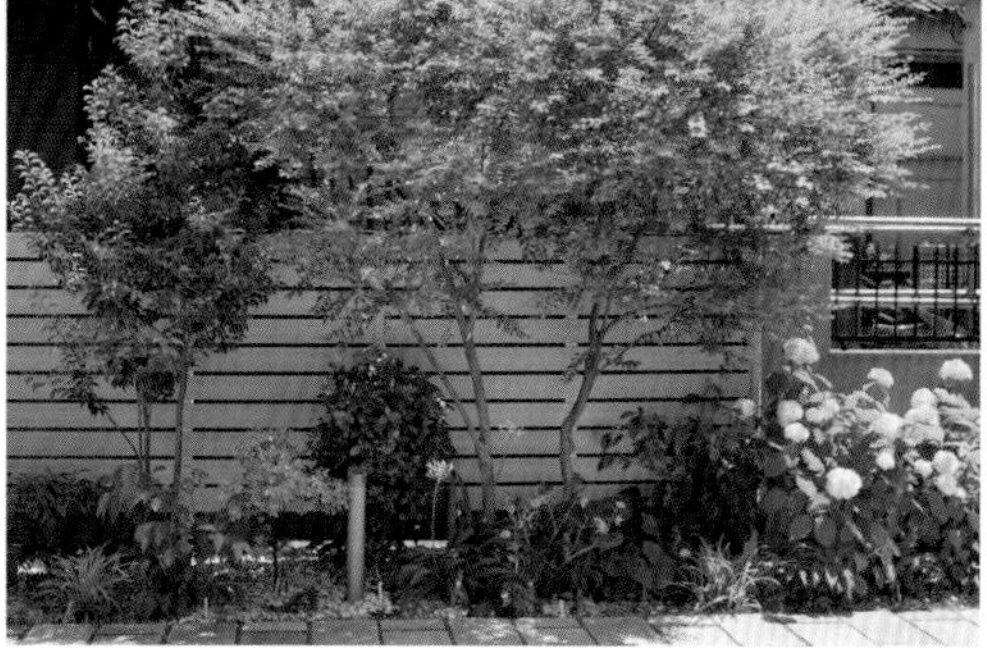

Contents

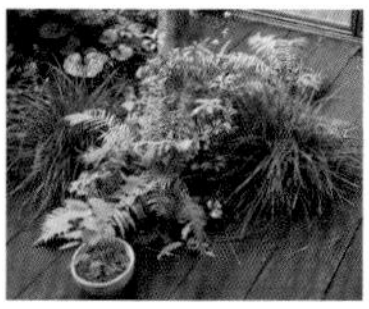
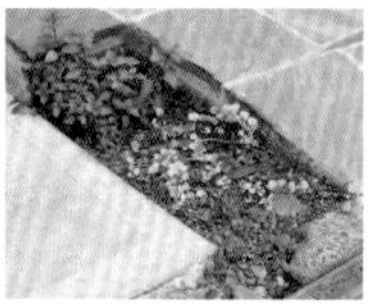

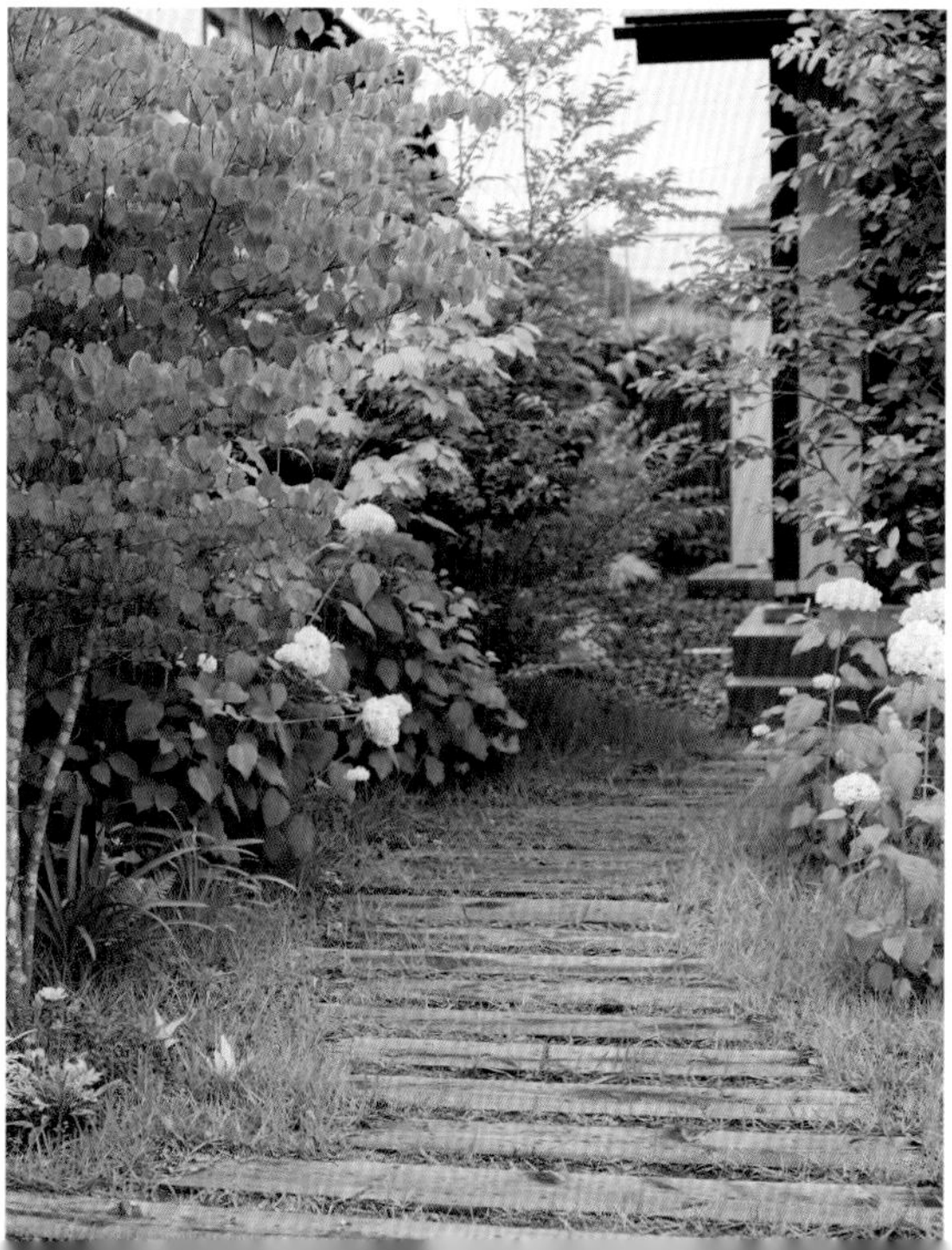

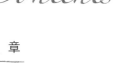

第2章

第3章

第3章

第4章

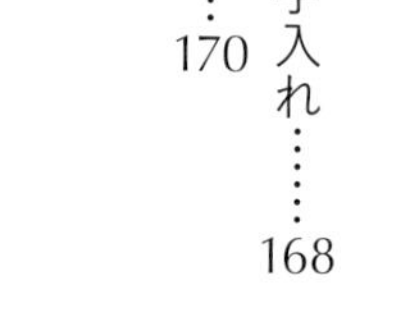

第1章

［ケーススタディ］木を生かした小さな庭

小さなスペースに樹木を上手に取り入れて魅力的に見せている実例を徹底解析。
空間のテイストに合わせた植物の選び方も参考にしてください。

動線を重視したドライガーデン

Case Study
千葉県
S邸
デザイン
安元祥恵

（上）アガベやユッカ、アロエと大きめの石、鹿の角を組み合わせてワイルドな雰囲気に。（下）ライトアップすると、白い砂利やタイルが浮かび上がり幻想的。

葉色のバリエーションに注目

モダンな建築に映えるアジア風の植栽と、ウッドフェンスや砂利が印象的なS邸の庭。犬を多く飼っているため、犬が歩きやすいタイルのエリア、ドッグランなど、用途別にエリア分けをしています。

植栽もエリアごとにイメージを決め、エリアをつなぐ部分が自然な流れになるようプランニング。たとえば駐車場入り口はユッカやアガベなどドライガーデン向きの植物を配置し、木戸の奥のメインの庭へと続く砂利の小径は「水の流れ」をイメージしています。

収穫の楽しみも

メインの庭は大きな葉が特徴のオーガスタなど、南国を思わせる植物を中心に構成。水辺の陸地を意識しています。またどのエリアもライ

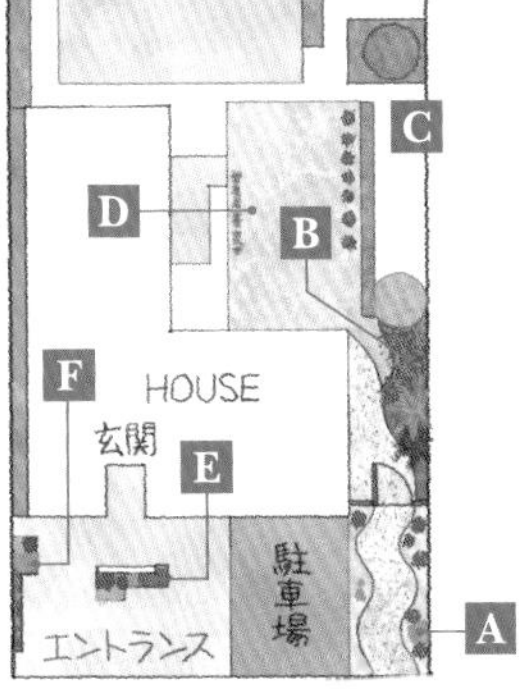

トアップの効果も計算して植物や石の位置を調整し、庭全体がアジアのリゾートを思わせる雰囲気に。

石や流木はSさんご自身が配置。庭づくりを通して植物への興味も深まったとか。犬が歩くタイルのエリアの縁には、フェンスがわりに小さなブルーベリーを植栽。収穫を楽しみにしているそうです。

Point 1

道路からメインの庭へ ひとつの流れに

道路に向かって開けた駐車場の脇の庭は
ドライガーデン向きの植物と流木、石を合わせ
小径を歩きながら左右を眺められるように。
木戸をあけると、奥の庭と風景がつながります。
ライトアップされると、夕暮れのリゾートのよう。

Point 2
白い砂利を水に見立てて
南国の水辺をイメージ

植栽エリアには溶岩石を敷き、水辺の陸を表現。
大きな葉が特徴のオーガスタの近くには
パピルスなど水辺を意識した植物を配置しています。
大きめの割栗石《わりぐりいし》が、力強い植物を引き立てています。

❶シュロチク
❷バンクシア'バースデーキャンドル'
❸ディアネラ

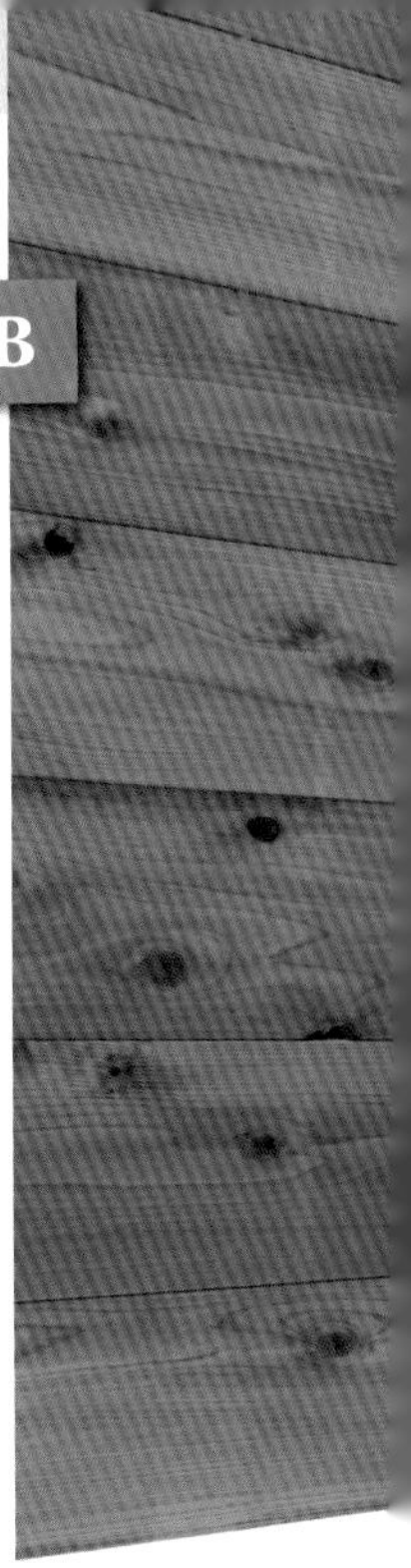

使われている植物

サブの木　メインの木

ソテツ

シュロチク

オーガスタ（サブの木）

コルジリネ（メインの木）

その他の植物

パピルス

斑入りハラン
‘旭’

カレックス

ディアネラ

オリヅルラン

Point 3 犬が歩きやすいよう植栽をパーティションに

シンボルツリーのオリーブの近くには、相性のよいローズマリーを。
白いタイルの脇にはブルーベリー用の土を用いて5株の苗を植え、
育つとフェンスの役割も果たします。
犬の足洗い場の手前には建物と調和するシャープなオオトクサを配置。

❶ウエストリンギア
❷カレックス
❸ブルーベリー
❹オリーブ
❺ローズマリー
❻オオトクサ

大きめの割栗石《わりぐりいし》を積み、ロックガーデン風に。

使われている植物

サブの木

レプトスペルマム
‘カッパーグロウ’

メインの木

ヒメツバキ
‘エリナ’

その他の植物

ユッカ

レプトスペルマム
‘ドラムシルバー’

モクマオウ

リグラリア

コンドロペタルム・
テクトルム

カレックス・
オシメンシス
‘エヴァリロ’

カレックス・
フラゲリフェラ

Point 4 家の“顔”は、石とさまざまな葉形で劇的に

壁の色に映えるよう、ヒメツバキなど濃い緑色を中心に多様な葉形の植栽を合わせ、アクセントに明るい黄緑色のカレックスを。ライトアップした際、壁に映る植栽の影が揺れる効果も狙っています。

壁に植物の影が映る向きにライトを設置。

Point 5

大きな葉の植物でアプローチを印象づける

葉色が明るく、葉が大きくて存在感のあるクワズイモを目立たせるため、細葉で濃い葉色のマホニアや葉が繊細なアスパラガスを合わせて。砂利や割栗石《わりぐりいし》で、他のエリアとイメージをつなげています。

夜はアスパラガスの間に照明が灯り、足元を照らしてくれる。

幅の広い部分は奥行き75cm、狭い部分は奥行き36cm。

使われている植物

❶クワズイモ
❷マホニア・コンフューサ
❸斑入りトベラ
❹ナンテン‘レモンライム’
❺アスパラガス‘メイリー’

白花と緑でつくるエレガントな庭

さまざまな緑色で華やかさを

敷地内に2軒の家が建つO邸。2軒共有の駐車場脇やアプローチ部分には花も楽しめる木を植え、下草としてさまざまなリーフ類を配置しています。ひとくちに「緑色」といっても色合いは多種多様。葉形と葉色の違う低木や多年草を組み合わせることで、緑だけでも華やかな風景がつくれます。木の下には斑入りや黄金葉など、空間を明るくするリーフを多めに配置するのがコツです。

白花を基調に、差し色を入れて

メインの庭には枝が広がるシルバープリペットを大きく仕立てたものを植えて、隣家の目隠しに。また、アオダモの株立ちを3本植え、小さな雑木林のような空間をつくっています。

冬に寂しくならないよう、落葉樹と常緑樹の割合は半々くらいに。目隠し部分には常緑樹を植えるなど、用途に応じて樹種を選択しています。

どのエリアも下草や低木の花は、エレガントな輸入住宅と調和するよう白を基調に。夏や秋はジューンベリーやソヨゴの赤い実が差し色となります。

駐車場奥、「HOUSE I」に面したフェンスの内側のエリア
メインの木：リキュウバイ❶
サブの木：アオダモ❷
低木：シルバープリペット❸、斑入りアセビ❹、ナツハゼ❺
シモツケ'ゴールドフレーム'❻
バラ'ピエール・ドゥ・ロンサール'❼
ロニセラ'レモンビューティ'❽、ハクサンボク❾
下草：ユーフォルビア'ダイアモンドフロスト'❿
カレックス'エバーゴールド'⓫

P18の写真に続く「HOUSE I」のアプローチにつながるエリア
メインの木：常緑ヤマボウシ⓬

Point

1 エリアごとにメインの木を決める

植栽エリアと敷石など構造物の部分をくっきり分け、エリアごとにメインとなる木を配置。それぞれ低木、下草を組み合わせて、独立した風景として楽しめると同時に、全体としての統一感にもこだわっています。

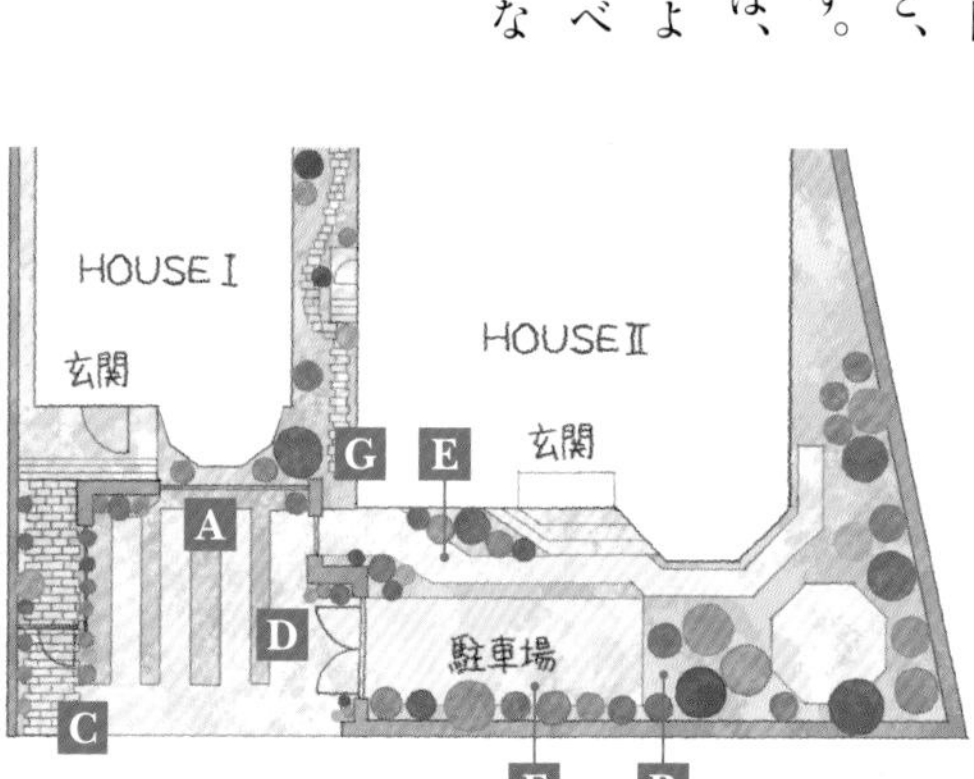

Case Study
東京都
O邸
デザイン
有福 創

メインの木:株立ちのアオダモ3株　**低木**:アナベル　**下草**:シラン(白花)、シダ

Point 2

低木とリーフの葉色で華やかに

HOUSE Ｉのアプローチと駐車場脇の植栽を一体化させたエリアは
常緑ヤマボウシをシンボルツリーに、葉色にこだわって構成。
緑のバリエーションで、ここまで表情豊かな空間を実現できます。

C

【主な植物】 **メインの木**：常緑ヤマボウシ
サブの木：ソヨゴ
低木：マホニア・コンフューサ、ドウダンツツジ、ウエストリンギア、セイヨウイワナンテン、ロニセラ‘レモンビューティ’、ヤブコウジ
下草：リョウメンシダ、カレックス・オシメンシス

黄金葉（オーレア）や斑入りの低木は、メインやサブの木の足元を明るくするのに役立ちます。

黄金葉の低木

コバノズイナ

ヤブコウジ

シモツケ
‘ゴールドマウンド’

ロニセラ
‘レモンビューティ’

ロニセラ
‘バゲッセンズゴールド’

プリペット
‘レモンアンドライム’

黄金葉の多年草

黄金葉や、斑入り、覆輪の葉の下草は風景を明るくします。葉形の違うものを組み合わせるのがコツ。

斑入りヤブラン

カレックス・オシメンシス
‘エヴァリロ’

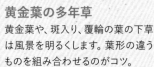

オレガノ
‘ノートンズゴールド’

斑入りランタナ

Point

3 葉色の違いで立体感を

背を高く仕立てたドウダンツツジのまわりに、葉色のコントラストがつく低木や下草を配置。手前に明るい葉色の植物を、奥に濃い葉色の植物を配置することで奥行きが強調され、立体感が際立ちます。

メインの木：ドウダンツツジ❶
低木：斑入りアセビ❷
ウエストリンギア❸❺
シモツケ‘ゴールドマウンド’❹
下草：斑入りヤブラン❻

Point

4 白花がポイントに

敷地内の低木や多年草は、基本白花のものを。アナベルやアガパンサスは花にボリュームがあるので、白でもかなり目立ちます。玄関脇のジューンベリーも白花の品種。初夏に赤い実をつけます。

建物に似合う白い花

アガパンサス
（白花）

マートル

アナベル

ユーフォルビア
‘ダイヤモンドスノー’

Point 5

斑入り葉で明るさを出す

通常シルバープリペットは垣根などに使われますが、
生産者があえて大きく仕立てた苗木を2本配置。
常緑樹ですが斑入りなので印象が明るく、横に広がるので広範囲の目隠しに。

白の斑入りや銀葉の下草

常緑樹の近くに斑入りや銀葉の多年草を植えると、
引き立て合って風景にメリハリがつきます。

ラムズイヤー

ギボウシ

カレックス・
オシメンシス

斑入りや銀葉の低木

黄色や白の斑が入った植物は、空間を明るくしてくれます。
ヤツデは半日陰でも育つので、木陰に便利。

ヤツデ'紬絞り'

ウエストリンギア

メインの木：シルバープリペット❶
サブの木：ソヨゴ❷
低木：ハクサンボク❸、アナベル❹、ビバーナム・ティヌス❺
ピットフォルム（クロハヒメトベラ）❻、セイヨウイワナンテン❼
ビバーナム・ダビディ❽、コバノズイナ❾
下草：斑入りヤブラン❿、リグラリア⓫、クリスマスローズ⓬
アガパンサス⓭、エゴポディウム⓮

小径は遠近感を強調

Point 6

2軒の建物の間のエリア。小径は曲線にすると、遠近感が強調されます。また植栽部分は砂利を敷き、道沿いは芝生にすることで風景にメリハリが生まれ、狭い空間ながらドラマチックになります。

季節感あふれる雑木の庭

Case Study
群馬県
A邸
赤毛のアン

「山を歩く気分」が目標

家の中から見たとき、別荘のような風景に。庭に出ると、山を歩いている気分に——これが、Aさんが庭づくりを始めたときの目標。自分で苗木を植え、小径をつくり、10年かけて目標どおりの庭ができあがりました。

木を植える際はやや土を盛って高くし、島のように。木々の間を抜ける小径は当初レンガ敷きでしたが、自然な雰囲気が出るよう浅間石に変えました。

落葉樹で四季折々の美しさを

季節感を大事にしたいので、ナツツバキやナツハゼなど紅葉する木を植え、常緑樹は1本だけ。ナツツバキは実もなり、秋には鳥が集まってきます。落葉樹中心なので、冬、枝だけになった庭に雪が降ると、モノトーンの美しさが楽しめます。

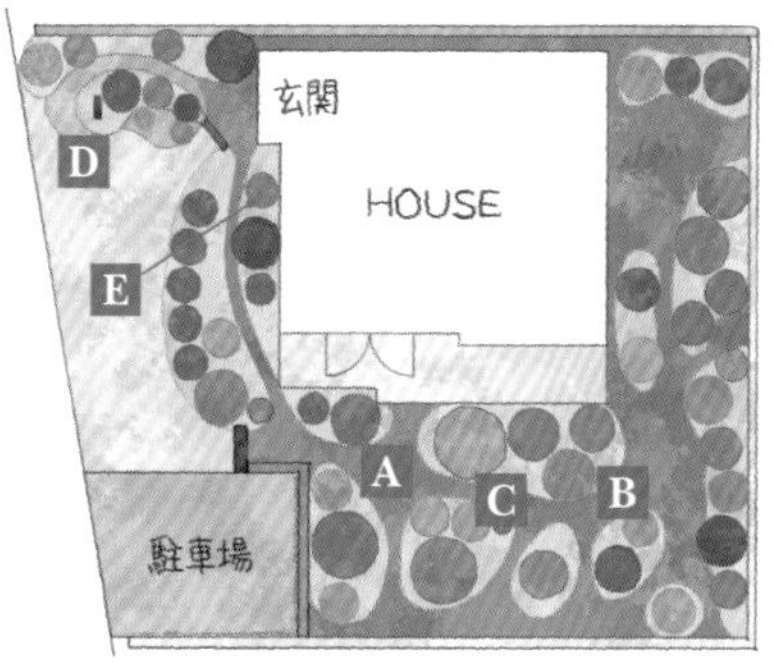

ナツツバキとヤマボウシは大きく育て、3年に一度強剪定を。他の木はほぼ3m以内に収め、枝抜き剪定をし、木肌が美しく見えるよう気をくばっています。木陰にはヤマアジサイや山野草など、半日陰でも育つ植物を。日が当たるアプローチは西洋アジサイやイチゲなどの多年草で華やかさを出しています。

A

初夏

Point 1

紅葉する木で彩りを

上と下の写真は、庭の同じ場所を撮影したもの。初夏は木陰にヤマアジサイが咲き、秋には紅葉した木のそばで、楚々としたノコンギクが小径を彩ります。庭には実のなる木も多く、家の中からバードウォッチングを楽しめます。

B

秋

【主な植物】 メインの木：ナツツバキ、ヤマボウシ
低木：ヤマアジサイ
下草：イカリソウ、アネモネ・カナデンシス

実が美しい木

セイヨウカマツカ

ナツハゼ

クラブアップル

秋の下草

ノコンギク

メインの木：シロブナ❶
サブの木：ニワナナカマド❷
低木：ヤマアジサイ❸
下草：エゴポディウム❹、ヤブラン❺
ニシキシダ❻、キョウガノコ❼
イカリソウ❽、コメガヤ❾

Point 2 木の下は半日陰向きの植物を

株立ちのシロブナとニワナナカマドの根元は、
半日陰でも育つ植物を。
斑入りのエゴポディウムが足元を明るくします。
落葉樹の下は、春は日差しがよく入るので
イカリソウなどの山野草が花を咲かせます。

半日陰向き下草や低木

コメガヤ

キョウガノコ

ホタルブクロ

シモツケ（源平咲き）

さまざまな山アジサイ

紅

九重山

土佐美鈴

藍姫

赤花山

別子てまり

Point

3 白樺と低木が引き立て合う

日当たりのよいアプローチに、シンボルツリーのシラカバを。華やかな花色のアジサイや、エリゲロン、コンボルブルスなどたくさん花をつける多年草で、玄関付近を明るく演出しています。

メインの木：シラカバ‘ジャクモンティ’❶
サブの木：ジューンベリー❷
オトコヨウゾメ❸
低木：アジサイ‘サブリナ’❹、シモツケ❺
アジサイ❻、ナナカマド❼
下草：コンボルブルス❽、エゴポディウム❾
エリゲロン❿

アジサイ‘サブリナ’

アジサイ

Point

4 細い通路は下草で縁取り

家屋沿いの通路は、どうしても日照が不足しがち。通路の脇には山野草のナルコユリや、半日陰でも花が咲くアネモネ・カナデンシス、足元を明るくするエゴポディウムなどを植え、縁取りにしています。

メインの木：トネリコ❶
低木：アナベル❷、バラ‘ザ フェアリー’❸
アネモネ・カナデンシス❹、エゴポディウム❺
ナルコユリ❻、アップルミント❼

アネモネ・カナデンシス

建築との調和を大事にした低木中心の空間

エリアごとに違う表情に

T邸の植栽エリアは大きく分けると、駐車場に面した外壁前と、玄関脇から建物の奥に向けての細長いエリアになります。駐車場側は建築と一体化したモダンな植栽、玄関脇は季節感あふれる情緒ある植栽に。限られた面積で幅広い植物を楽しめるよう、エリアでイメージを変えています。

レッドシダーの外壁の前は、建物と一体となる金網のプランターが植栽スペースに。プランター内の揖斐《いび》黒石《くろいし》は迫力があるので、さまざまなカラーリーフでやわらかなグラデーションをつくることで、コンクリートや石の強さを和らげています。

季節の巡りが感じられるように

玄関脇の植栽は、季節が巡るごとに景色が移り変わるよう植物を選定。早春のベニバスモモから始まり、ジューンベリー、常緑エゴノキ、アナベルが順番に入れ替わるように咲きます。

駐車場寄りの部分はロックガーデン風にし、イカリソウやカラスバタンチョウソウなど季節感を感じられる下草を。梅雨時や秋には石の間に苔が茂り、落ち着きのある景色が日々、目をなごませてくれます。

また、コンクリートの隙間部分には匍匐《ほふく》性（這う性質）の植物を植え、風景が無機的になるのを防いでいます。

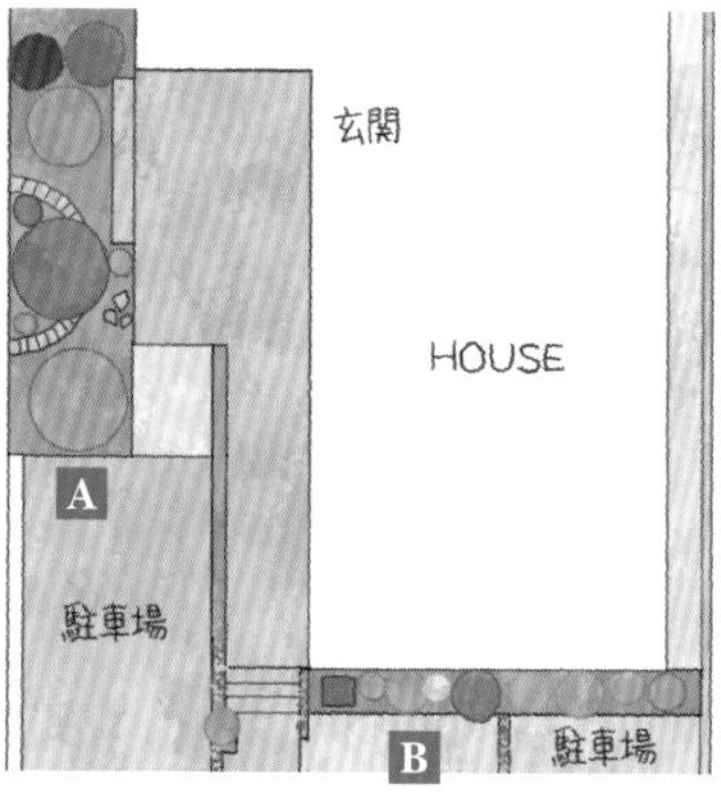

Point 1 照明と植物で夕景を美しく見せる

駐車場側は建物に埋め込まれた照明が、玄関脇は植栽の中に設置したスポットライトが植物を照らし、昼とは違った雰囲気が楽しめます。スポットライトはメインツリーが浮かび上がるよう、ジューンベリーに当てています。

Case Study
東京都
T邸
デザイン
安元祥恵

Point 2
花木は順番に花が咲くように

中高木はベニバスモモ、ジューンベリー、常緑エゴノキの順番で開花。葉色の違いも魅力です。まだ植えたばかりですが、この先木が育てば、フェンス代わりの目隠しにもなります。

メインの木：ジューンベリー❶
サブの木：ベニバスモモ❷、常緑エゴノキ❸
低木：アナベル❹、ビバーナム・ダビディ❺
斑入りトベラ❻、アセビ❼
下草：カラスバタンチョウソウ❽
イカリソウ❾、フウチソウ❿

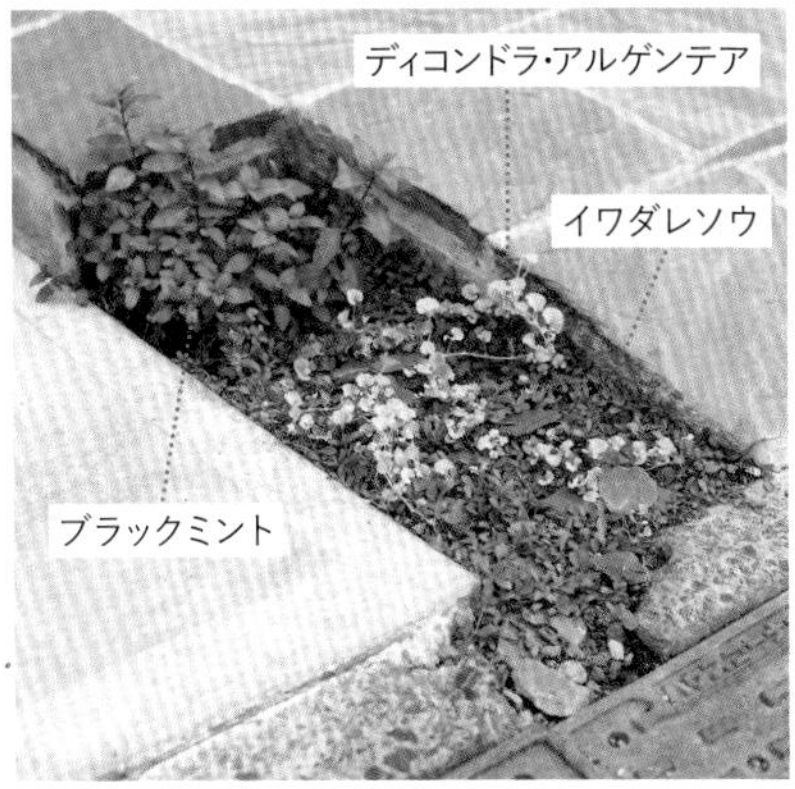

ディコンドラ'ミクランサ'

Point 3
敷石の隙間は匍《ほ》匐《ふく》性の植物で

駐車場やアプローチのコンクリートや敷石と構造物の隙間には、匍匐性の植物を植えています。土の部分が隠れると同時に構造物の硬さが和らぎ、風景にやさしさが生まれます。

B

Point

4

オーストラリアンプランツを中心に葉形と葉色で変化をつけて

金網と揖《い》斐《び》黒石《ぐろいし》を組み合わせたプランターは、迫力満点。比較的強健なオーストラリアンプランツを中心に、個性的な葉形や葉色が特徴的な植物でグリーンのグラデーションをつくり、外壁、構造物との調和をはかっています。

落葉低木

斑入り
ムラサキシキブ

斑入りコデマリ

ビルベリー

使われている植物

常緑低木

ダーウィニア

グレビレア・ラニゲラ

ウエストリンギア

レプトスペルマム
'ドラムシルバー'

シジギウム

ピットスポルム

ロータス
'ブリムストーン'

アキグミ
'シルバーヘッジ'

つる性植物

斑入り細葉
テイカカズラ

多年草

ディコンドラ・
アルゲンテア

グレコマ
'バリエガータ'

ディアネラ
'リトルレブ'

カラマツソウ

カレックス・
フラゲリフェラ

青花フジバカマ

小空間の積み重ねでイメージを統一

小さな林のようなフロント

アジサイが映える植栽。それが、保護犬・猫の一時預かりもしているカフェ「犬猫食堂 紫陽花」のコンセプト。一軒家をアパートに建て替えた際、もともと庭にあったモミジやアジサイなどの庭木をなんとか残したいと希望。建て替えの間は鉢植えにして、別の場所で管理していました。

玄関まわりは株立ちのナツツバキとソヨゴ、低木で、小さな林のように。道路沿いの幅の狭い植栽エリアとつなげ、緑豊かな空間をつくっています。敷地まわりの小さな植栽エリアも、中高木とアジサイの組み合わせが基本。全体で統一が保たれ、初夏にはさまざまな色調のアジサイが目を楽しませてくれます。

もともとあった鉢植えは移植

メインの庭は犬を遊ばせるストーンタイルデッキの奥に。元の庭で鉢植えだったネムノキとモミジは移植し、新たな庭で風景の一部になっています。庭のセンター付近に植え足したオリーブは、クリスマス時期にはイルミネーションで輝きます。

Point 1

フロントガーデンは株立ちの木と低木でメリハリを

玄関脇のスペースは、ナツツバキとソヨゴを大きく育てて林のように。足元が寂しくならないよう、常緑や落葉の低木を組み合わせています。アジサイの花期には、鮮やかなピンクの花が玄関脇を飾ります。

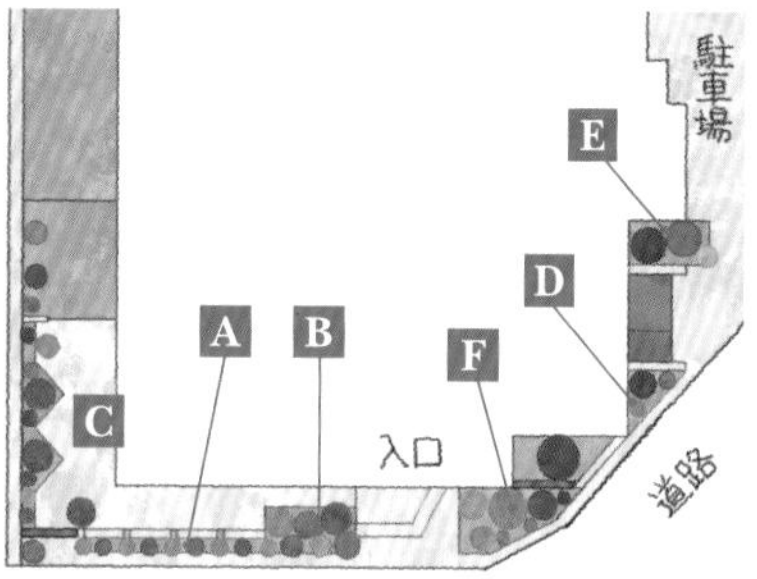

外側の植栽のアガパンサスが咲いたところ

Point 2

奥行きの狭い植栽エリアは反復でリズムを

塀と道路の間にある、奥行き30cmほどの横長の植栽スペース。ゴールドプリペット、マホニア・コンフューサ、ハイビャクシン、ハクロニシキなど葉色の違う低木の並びを繰り返し、リズムを生んでいます。初夏には低木の間に植えられたアガパンサスが咲きます。

Case Study
東京都
犬猫食堂
紫陽花

B

メインの木：ナツツバキ　**サブの木：**ソヨゴ、ジューンベリー
低木：マサキ、八重ヤマブキ、ゴールドプリベット、オタフクナンテン、ユキヤナギ、アジサイ'隅田の花火'など　**下草：**ヤブラン

Point 3

ストーンタイルデッキと塀の間を絵のように

デッキの形に合わせたジグザグ形の植栽スペース。ネムノキ、オリーブ、モミジを背景に、数株のアジサイとコムラサキで風景をつくっています。

Point 4

ブドウを誘引して外も内側も魅力的に

道路沿いの植栽に巨峰の苗を植え、塀と軒の間に誘引。カフェのテラスの頭上が、ブドウ棚になっています。ブドウ棚は、向かい側の家からの視線を遮る役割も。ちなみにこの巨峰は、食べた後の種をまいて苗を育てたそう。

まだ熟れていない巨峰の実。

Point 5

小さなスペースをアジサイと樹木で構成

敷地内の変形スペースや小さな空きスペースも、中高木とアジサイ、低木で空間を構成。店名の「犬猫食堂 紫陽花」を強くイメージづけています。スペースの縁はハイビャクシンやオタフクナンテンなど、背の低い低木で縁取りを。

雑木とハーブを生かしたナチュラルな庭

雑草も風景の一部に

道路に面したオープンなフロントガーデンは、まるで里山のよう。株立ちのアオダモやヒメシャラの枝越しに家屋が見え、別荘のような雰囲気です。手をかけすぎず、あくまでナチュラルに。自然に生えてきたドクダミもあえて抜かず、風景の一部にしています。

玄関までのアプローチは、林の脇の小径を抜けていくイメージ。葉色や葉形の違う雑木が変化に富んだ風景を生み、四季折々、違う表情を見せてくれます。

無農薬栽培で収穫の楽しみも

Mさんが好きなのは、白い花と実のなる木。敷地内にはジューンベリー、ユスラウメ、ラズベリー、ブラックベリー、ブルーベリー、オリーブ、レモンなどが植えられ、無農薬で栽培し、収穫を楽しんでいます。またハーブのエリアも設け、料理やハーブティーに活用。自然を愛するライフスタイルを反映した庭といえそうです。

【主な植物】

メインの木：アオダモ
サブの木：ナツツバキ、ヒメシャラ
低木：斑入りユキヤナギ
下草：ギボウシ

Case Study
神奈川県
M邸
デザイン
矢田陽介

A

フロントガ　デンと家屋の間に駐車場スペースがある。

Point 1

株立ちの木の組み合わせで小さな里山をイメージ

黒い外壁と木々の葉の緑、木肌が引き立て合い、
里山の向こうに家があるような印象に。
株立ちの木の下に低木や草花を多めに植えることで、
家が見えすぎることを防いでいます。

メインの木：ヤマボウシ❶
ジューンベリー❷
サブの木：ダンコウバイ❸
低木：アナベル❹
下草：ギボウシ❺、アガパンサス❻

Point 2 雑木でアプローチに木漏れ日を

枕木を敷いたアプローチを挟んで塀側は、雑木が並んでいます。特徴的なのが、この地域の里山でよく見られるダンコウバイ。葉の形がユニークで、葉や幹にさわやかな香りがあり、春は黄色の花、秋には黄葉が楽しめます。

アナベル

ダンコウバイ

メインの木：ジューンベリー❶
サブの木：オリーブ❷
ハーブ類：ブロンズフェンネル❸
ヒイラギ❹、スイートフェンネル❺
オレガノ'ノートンズゴールド'❻、タイム❼
ノコギリソウ❽、ローズマリー❾

Point 3 ハーブで駐車場の間仕切り

家屋脇の通路と駐車場の間は、間仕切りの役目も果たすハーブガーデンに。ハーブだけではなくジューンベリーを植えることで、風景が締まります。地面にはマルチング材のチップを敷き、泥はねを防止しています。

Point 4

通路部分は目隠しや明るくする工夫を

隣家と隣り合っている場所には、シラカバ'ジャクモンティ'を。葉がある季節は目隠しになり、部屋から外を見ると高原風の景色に。家の裏側の通路は日照が不足するので、黄金葉のフウチソウで明るさを出しています。

未熟なブラックベリー。この後、黒紫色に変化する。

Point 5

フェンスはつる性植物で

フェンスには、ブラックベリー、マスカット、ハニーサックルを誘引。ハニーサックルが甘い香りを放ち、収穫も楽しめるフェンスです。ブラックベリーはそのままヨーグルトと食べたり、ティーやジャムにして楽しんでいます。

木が主役の半日陰スペース

一本立ちの木で空間をスッキリ

都市エリアの庭は家屋と塀、隣家に囲まれ、日照が足りないケースが少なくありません。この庭もその例に漏れず、日照条件を考慮したデザインと植物選びをしています。

シンボルツリーはアオダモ。樹高6mの単木を植えたため、幹部分がスッキリ広々とします。アンティークを使った店内と調和し、存在感のある一本立ちの木が落ち着いた空間をつくっています。庭の半分はブドウ棚。その下は半日陰向きの植物で構成しています。

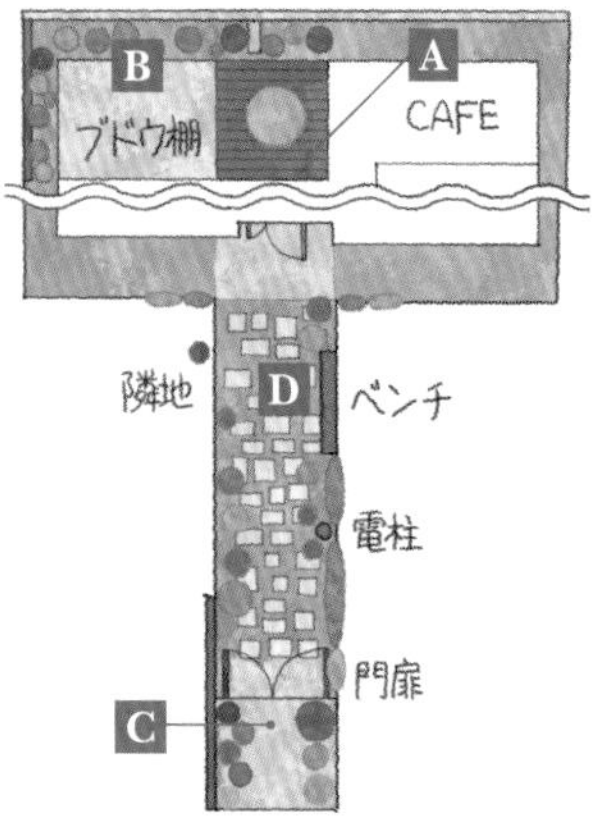

アプローチは多種の植物で

建物は旗竿地に建っているため、玄関までのアプローチはやや距離があります。そこで単調にならないよう、葉形や葉色の違う低木や多年草などさまざまな植物を配置。玄関近くに張り出している隣家のクワをあえて背景に取り入れて、空間を構成。木に高低差をつけるため、オーストラリアンプランツのレモンマートルやウエストリンギア、ダーウィニアなど、大きくならない低木を選定。自然な樹形で小径を演出しています。

Point 1

葉形が異なる半日陰の下草

線状のカレックスやオシダなど、葉形が違う下草を。丈が低い植物を使うことで、一本立ちの木の力強さを生かしつつ、印象がやわらかくなります。さまざまなトーンの緑色を使うのもコツ。

Case Study
埼玉県
cinq café
デザイン
安元祥恵

【主な植物】
メインの木：アオダモ
サブの木：
カリステモン（鉢植え）、
アセビ（鉢植え）

Point 2

ブドウ棚の下は日陰に強い植物で

ブドウ棚と塀の間は日照が限られ、風通しもあまりよくありません。
そこで半日陰でも育つ多年草や低木で、とくに丈夫なものを選び
冬も緑が絶えないよう、常緑の植物中心で構成しています。

鉢植えの木：アセビ❶、アキグミ‘シルバーヘッジ’❷、レプトスペルマム❸
低木：斑入りヤツデ❹、コデマリ❺、アセビ❻、斑入りツワブキ❼
下草：オシダ❽❾、セイヨウイワナンテン‘レインボー’❿、クリスマスローズ⓫

ブドウ棚の下の植物

斑入りシェフレラ
‘ホンコンカポック’

ハマヒサカキ

斑入りヤツデ

セイヨウイワナンテン
‘レインボー’

グレコマ

ツワブキ

斑入りツワブキ

オシダ

ゴシキカズラ

Point 3

葉形の違いで複雑さを出す

斑入りのシルバープリペットや、ダーウィニア・シトリオドーラ、常緑のレモンマートルなど葉の表情の違う植物を並べて植え、変化がつくように。花木は可憐な白花のものを集め、上品さも演出しています。

アプローチの主な植物

レモンマートル

ブッドレア

ダーウィニア・シトリオドーラ

メリアンサス

ユーカリ・グニー

アナベル

シルバープリペット

下草：
サルビア・レウカンサ
マウンテンミント
アルケミラ・モリス

C

D

斑入りノブドウ

斑入り細葉テイカカズラ

Point 4

木とつる性植物でフェンスを隠す

玄関の前には印象的なユーカリ'ポポラス'を植えて、シンボルに。無垢の鉄のフェンス部分は、斑入りノブドウや斑入り細葉テイカカズラなど、斑入り葉のつる性植物で明るさを出しつつ、フェンスを隠しています。

雑木で癒やしの木陰ゾーンを

庭の半分を雑木ゾーンに

庭でさまざまなハーブを育てているハーブ研究家のFさん。庭の一角にあえて雑木のエリアをつくり、木陰でティータイムやガーデンランチを楽しめるくつろぎの場にしています。夏は涼しく、秋は紅葉を楽しめ、季節感も味わえる場所に。アオハダやアオダモ、ヒメシャラなど落葉樹が多いので、葉が落ちる冬は部屋にも日差しが入ります。

雑木エリアの反対側、庭のコーナーにも、パーゴラを設置した小さな木陰ゾーンが。こちらは目隠しも兼ねて、ジューンベリーやオリーブ、ツバキ類を植えています。

自然の循環を取り入れて

剪定は年に2～3回ほど行い、樹形や樹高をコントロール。背の高い木のみ数年に一度、プロに剪定をお願いしています。

秋から冬にかけて散った葉や刈り取った植物は、霜の害を防ぐためのマルチング材に。いずれ積もった落ち葉が腐葉土になるので、雑木林の自然の循環を庭で再現しているともいえます。

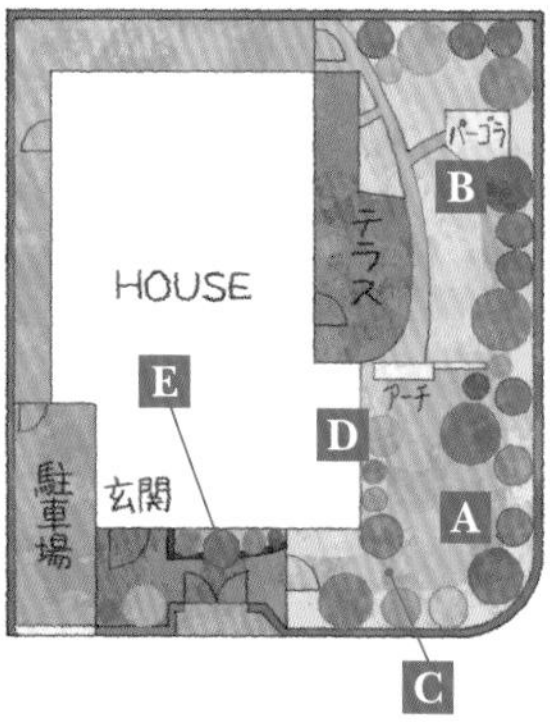

Case Study
埼玉県
F邸
Witch's Garden

常緑樹に囲まれた庭の角のコーナー。ミニパーゴラにはバラ'群星'を誘引。

Point

1 ゾーニングして庭にメリハリを

秋

落葉樹に囲まれた木陰ゾーンは、ガーデンランチやティーパーティーなどおもてなしにも利用。葉が茂る季節は株立ちの木の枝と葉が道路からの視線を遮ってくれ、部屋に強い日差しが入るのも防いでくれます。

刈り取った植物でマルチング

地上部が枯れた多年草を刈り取ったものや落ち葉を敷き、霜柱や霜の害を防いでいます。

冬

メインの木：ウメ
サブの木：ソヨゴ、ヒメナツツバキ、アオハダ、ヤマボウシ、イロハモミジ、バラ'ジャクリーヌ・デュプレ'（塀に誘引）
低木：プリペット'レモンアンドライム'、カリフォルニアライラックなど。

秋

D

初夏

Point

2 半日陰を彩りよく

縁側近くに植えられたイロハモミジとメギ。初夏は他の木の陰になる部分ですが、鮮やかなグリーンで明るく。秋はイロハモミジが紅葉し、鮮やかな色彩で庭を飾ってくれます。

半日陰を明るくする斑入り葉の植物

右：アセビの仲間
左：エルダーフラワー

C

Point

3 狭い通路は立体的に

玄関から庭へと続く通路は壁にトレリスを設置して、空間を立体的に利用。木戸の上部にはノイバラを誘引し、アーチの役目を持たせています。また塀沿いの部分は日照が不足しがちなので、明るさを出すよう、斑入り葉の植物を植えています。

ノイバラの実

秋

紅葉した黒葉ヤマブドウ

コバノズイナ（秋）

コバノズイナ（初夏）

Point

4

レイズドベッドは大きな寄せ植え感覚で

門を入って突き当たりは、レイズドベッド（高さのある花壇）に。シンボルツリーのリンデンのまわりは、大きな寄せ植えの感覚で多彩な葉色の下草を植えています。壁にはトレリスを立て、バラ‘フローレンス・デルアットル’を誘引。控えめなピンクが風景と調和しています。

❶ノリウツギ
❷シモツケ
❸ユーパトリウム
❹ツルイチゴ
❺グリーンアイス
❻ミヤコワスレ
❼フロックス
❽カレックス
❾イノモトソウ
❿オタフクナンテン
⓫リシマキア
⓬ナルコユリ
⓭ツワブキ
⓮バラ‘フローレンス・デルアットル’

A

鉢植えを活用し DIY空間と 調和

Case Study
群馬県
I邸

木の合間に花が見える庭

たった4年半でこの庭を完成させたIさん。もともと庭にあった木は、ヤマボウシ、ヤマコウバシ、ナツツバキくらいでしたが、豊かな緑の中にやさしい花色が見え隠れする庭を目指し、好きな木を1本ずつ選んでいきました。

目標は、夏はほどよく日陰になる庭。庭の中心に株立ちのアオダモを植え、日陰エリアをつくりました。初夏にはピンクのアジサイや紫、白のラークスパーが木陰を彩っています。

大きくなる木はあえて鉢植えで

こだわったのは、大きく育てる木と樹高を抑える木の区別をつけること。庭に数カ所、地植えにする以外は、あえて鉢植えにしてコンパクトに育てるように。すると場所をあまりとらず、さまざまな種類の木を楽しむことができます。地植えの木は枝抜き剪定を怠らず、剪定で樹高もコントロールしています。

DIYも好きだというIさん。手づくりのフェンスやパントリー、バスストップ型のスペースなど、手づくり感ある庭に、鉢植えの木がよく似合っています。

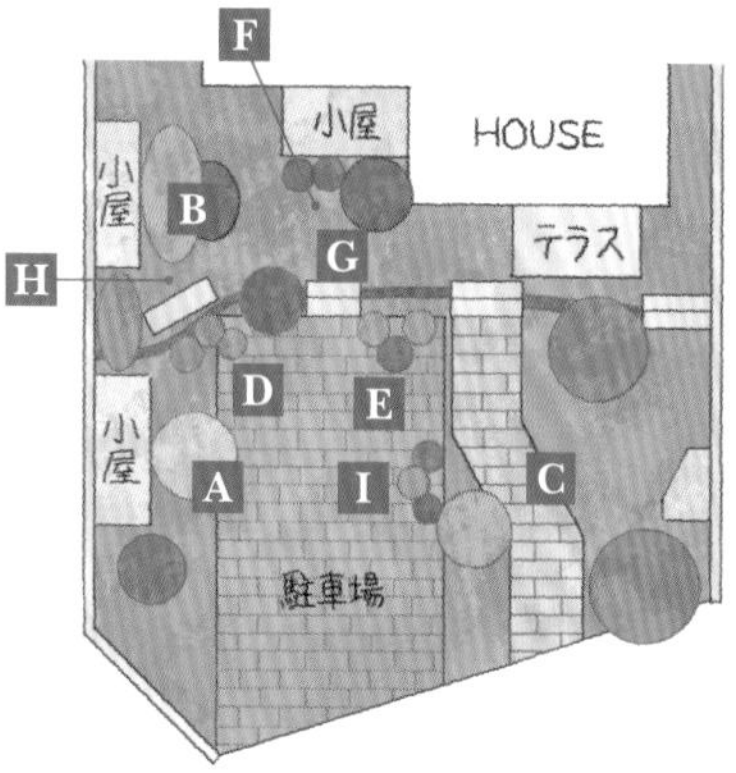

B

Point

1

株立ちの木を中心に風景をつくる

庭に数カ所、株立ちの木を植えた「島」のような場所があり、ビューポイントに。まわりをアジサイなどの低木や匍《ほ》匐《ふく》性の多年草で囲み、風景としてまとめています。

【主な植物】
メインの木：アオハダ
低木：アジサイ
下草：クリスマスローズ、コメガヤ、リグラリア‘ミッドナイトレディ’、アジュガ、コンボルブルス

C

【主な植物】
メインの木：ヤマコウバシ、シラキ
低木：アジサイ、シモツケ、ミツバツツジ
下草：ニシキシダ、オキザリス、ヘビイチゴ

D

E

アカシア'ミルキーウェイ'の大鉢を、玄関へのアプローチのポイントに

F

つる性のバラやブドウも、鉢植えにして壁などに誘引

バラ‘バーガンディ・アイスバーグ’の
鉢植えのまわりに、小物や植物でシーンをつくる

❶コバノズイナ ❷マウンテンミント

【主な植物】
メインの木（鉢植え）：トネリコ
サブの木（鉢植え）：セイヨウカマツカ、セイヨウニワトコ、モミジ、アメリカコデマリ、バラ
低木（鉢植え）：シロバナヤマブキ、ヒメウツギ、ニオイツツジ
下草：ルブス、アジュガ、セリ‘フラミンゴ’

Point 2 鉢植えで樹高をコントロール

木が大きく育たないよう、なるべく鉢植えに。
夏の水やりや数年に一度の植え替えなど、
管理にやや手間がかかりますが
多くの種類の木を楽しむことができます。

小さな木を組み合わせたシーン

❶カシワバアジサイ ❷ヘーベ
❸セアノサス‘マリーサイモン’ ❹ブルークローバー
❺クレマチス

ハナミズキの鉢植えの根元にクローバーを

❶ハナミズキ ❷クローバー
❸ウツギ ❹ラムズイヤー

これからが楽しみなカラーリーフの庭

Case Study
神奈川県
M邸
デザイン
矢田陽介

株間はこのくらいあけて

木とカラーリーフでつくるM邸の庭は、植え込みが終わった直後。今は下草がパラパラした感じですが、すぐに広がるので、「このくらいあけて植えつけるとよい」というお手本になります。

庭にはいくつか植栽エリアがあり、どのエリアも下草に黄金葉、銀葉の植物を取り入れることで表情が豊かに。低木に花木を選ぶことで、華やかさも出しています。

場所に合ったメインの木を

メインの木は場所の特性に合わせて選んでいます。家のすぐそばの駐車場の脇は、常緑樹のゲッケイジュ。壁の色と濃い緑色が引き立て合い、建築が映えます。

フロントガーデンには株立ちのジューンベリーを。季節感も表現で

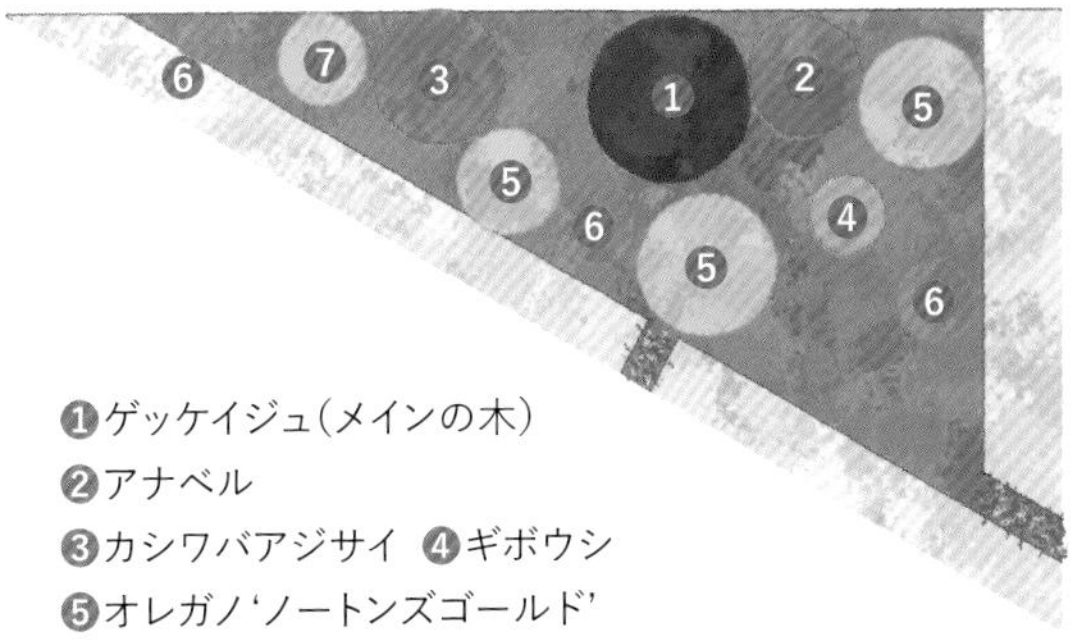

❶ゲッケイジュ（メインの木）
❷アナベル
❸カシワバアジサイ ❹ギボウシ
❺オレガノ‘ノートンズゴールド’
❻アサギリソウ ❼斑入りアベリア

Point 1 駐車場脇の三角スペースをリーフで彩りよく

常緑樹のゲッケイジュをメインにし、低木のカシワバアジサイとアナベルを添えて。地形と合わせて高低も不等辺三角形にまとめ、空間の調和をはかっています。黄金葉のオレガノと銀葉のアサギリソウを交互に植え、色調の対比を鮮明に。

Point 2 アメリカハナズオウにカラーリーフを合わせて

えんじ色をした大きなハート形の葉が特徴の、アメリカハナズオウ‘フォレストパンシー’。春、葉が出る前にピンク色の花を咲かせます。銀葉のアサギリソウがシックな葉を際立たせています。

葉色と葉形にこだわった下草

アサギリソウ

オレガノ‘ノートンズゴールド’

ギボウシ

フェスツカ・グラウカ

‘ハートオブゴールド’

‘フォレストパンシー’

‘シルバークラウド’

葉形と葉色が魅力的なアメリカハナズオウ

さまざまな園芸品種があり、大きなハート形の葉と、品種によって違う葉色が特徴。春、葉に先駆けて、幹や枝に小さな花をつけます。

き、株立ちのやさしさが「ウェルカム」にぴったり。またメインの庭では、銅葉のアメリカハナズオウがシックな存在感を放っています。それぞれ下草は共通していますが、違う雰囲気に仕上がっていることに注目を。

ジューンベリーの実

Point

葉色を生かしたフロントガーデン 3

フロントガーデンのメインの木はジューンベリー。
金属の表札は片側にパーセノシッサス、逆側にヘデラを這わせ、
いずれ植物で覆われるはず。
背面のコンクリートも、ツルマサキを這わせて隠す予定です。

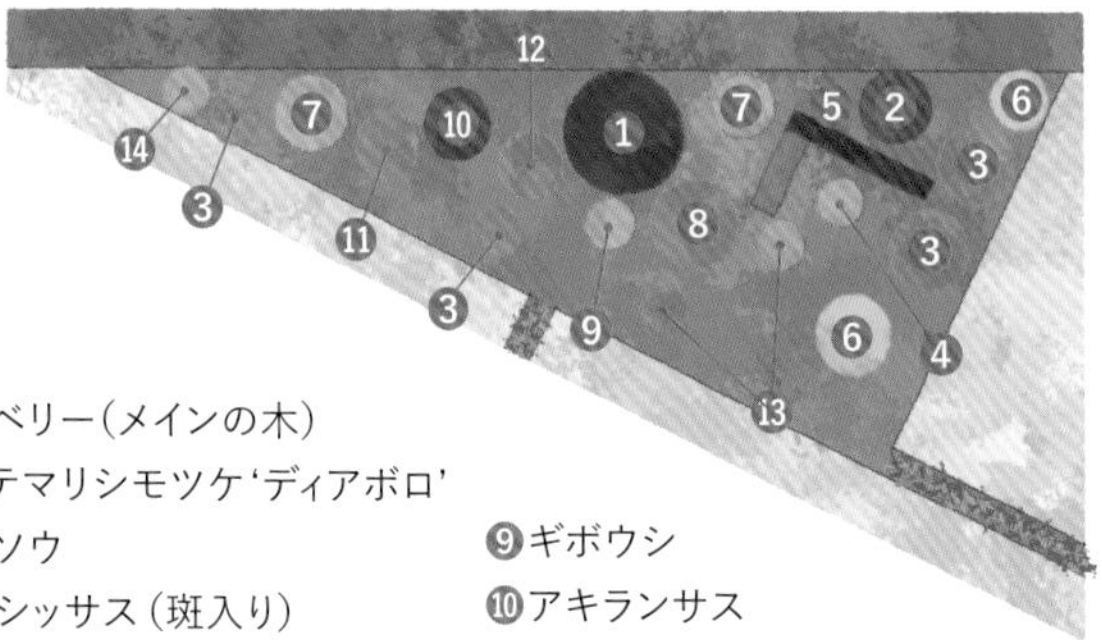

❶ジューンベリー（メインの木）
❷アメリカテマリシモツケ‘ディアボロ’
❸アサギリソウ
❹パーセノシッサス（斑入り）
❺ヘデラ（斑入り）
❻オレガノ‘ノートンズゴールド’
❼アナベル
❽シモツケ‘ゴールドフレーム’
❾ギボウシ
❿アキランサス
⓫ユーフォルビア（斑入り）
⓬チョウジソウ
⓭イブキジャコウソウ
⓮ツルマサキ

表札に這わせた
斑入りのヘデラ

花が美しい低木

メインの木に添えて低木の花木を植えると、風景に彩りが加わります。
シモツケは花のない季節、黄金葉がカラーリーフの役目を果たします。

ノリウツギ‘ミナヅキ’

シモツケ‘ゴールドフレーム’

カシワバアジサイ

ガーデンを彩る多年草

葉が美しい多年草や、サルビア・ネモローサのように
穂状に咲く花は、木の庭の名脇役。
主役となる木を引き立ててくれます。

さまざまな葉色のギボウシ

アキランサス

サルビア・ネモローサ

半日陰の魅力を最大限に引き出す

木漏れ日を大切に

以前はバラ中心の庭だったというY邸。四季折々楽しめ、癒やしが感じられる雑木の庭に憧れ、少しずつつくり直していきました。リビングから続くパーゴラデッキも、以前はバラを誘引していましたが、今はブドウに変わっています。

目標は「木漏れ日が美しいナチュラルな庭」。葉の影も風景のうち。ほどよい木漏れ日が当たるよう、毎年枝抜き剪定を欠かさず、枝や葉の量を調整しています。駐車場のスペースもたっぷり木陰ができるよう、剪定で樹形をコントロールしています。

シダや斑入り葉の植物を活用

木が多い庭は、どうしても木の下が薄暗くなりがちです。そのため半日陰でも育つ低木やシダ類を活用。マツモトセンノウやナルコユリなどの山野草も取り入れています。

空間を明るく見せてくれる斑入りの植物も多く活用。たとえばコムラサキやミズヒキも、あえて斑入りの品種を植えています。同じ植物でも品種によって斑の入り方が違うものがあり、それを集めるのも楽しみのひとつだそうです。

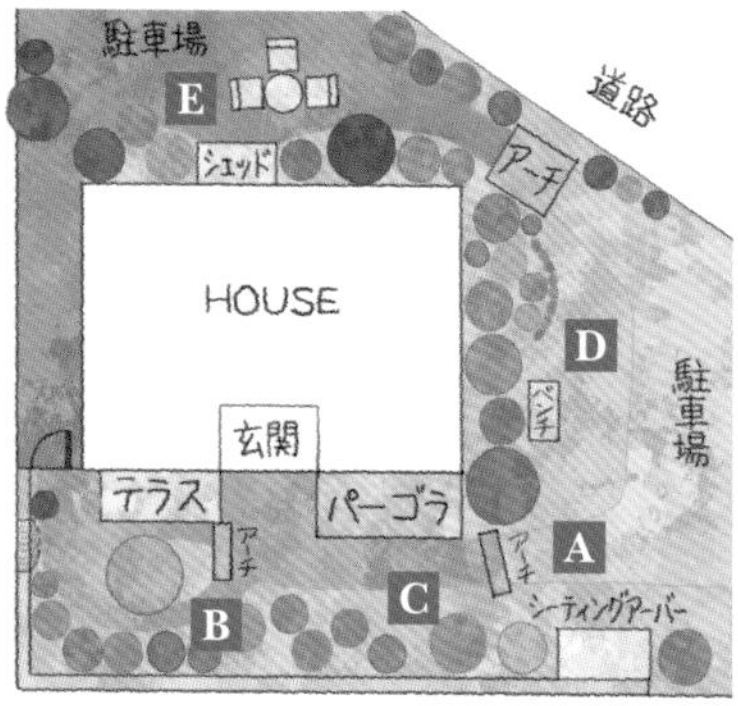

Point

1 小径を効果的に使って風景をつくる

庭の小径は場所によって砂利、枕木、レンガなど材質を変えることで、単調にならず、よりナチュラルに。アクセントになっている植栽部分の土留めの石は際に植物を植え、自然の風景に近づけています。

A

P57のDの左側に、庭へと続く入り口が。ゲートにはバラが誘引されている。ゲートの右にはブナの木。入り口を華やかにするため、季節の花を鉢植えで飾っている。

Case Study
群馬県
Y邸

【主な植物】 **メインの木：**ヤマコウバシ　**サブの木：**ジューンベリー、アオダモ、ブルーベリー
低木：ヤマアジサイ、ウンナンハギ、ミントブッシュ、アオキ、コバノズイナ、ヒメウツギ
下草：エゴポディウム、斑入りホトトギス、斑入りミズヒキ、イカリソウ、クリスマスローズ、ナルコユリ、スズラン、シラン、シュウメイギクなど

アジサイ
‘ゴールドリーフ’

マトリカリア

クリスマスローズ
‘スノーフィーバー’

イヌシダ

Point 2

木の下は半日陰向きの植物で

フェンスや木の陰になる部分には、
半日陰向きの植物や
明るさを出す斑入りの植物を配置。
さまざまな緑のグラデーションが、
風景に複雑なニュアンスを与えています。

斑入りの多年草

斑入りミズヒキ

エゴポディウム

斑入りホトトギス

半日陰で活躍するシダ類

イヌシダ

ニシキシダ

斑入り
シシバイヌシダ

ウラジロシダ

❶ナツハゼ ❷シロバナシャクナゲ ❸ヤマボウシ ❹セアノサス‘パールローズ’
❺斑入りホトトギス ❻エゴポディウム ❼ミントブッシュ ❽プルモナリア
❾ヤクシマキイチゴ ❿斑入りミズヒキ ⓫オダマキ ⓬斑入りセキショウ
⓭アルンクス‘ノーブルスピリット’

【主な植物】
メインの木：コナラ❶、ギンモクセイ❷
サブの木：セアノサス‘ヴェルサイユ’❸
ホソバニンジンボク❹、コバノズイナ❺
低木：アジサイ‘ピコティ・シャルマン’❻
シモツケ‘ゴールドフレーム’❼、アベリア❽、ミツバツツジ❾
ドウダンツツジ❿、銅葉メギ‘アトロプルプレア’⓫
下草：シロバナユウゲショウ、ポリゴナム、モナルダなど

Point 3 さまざまな低木で風景をつくる

駐車場スペースに面した部分は、DIYの棚とさまざまな花木で風景を構成。春のミツバツツジから始まり、ドウダンツツジ、シモツケ、セアノサス、ギンモクセイなど、季節ごとに次々と花が咲きます。

Point 4 駐車場脇に木陰スペースを

シマトネリコは木陰を多くするため、上を詰めて横張りになるように剪定。斑入りヤマボウシは50㎝くらいの苗木を植え、暴れがちなのでこまめに剪定して好みの樹形に整えました。

❶シマトネリコ
❷斑入りヤマボウシ‘ウルフアイ’
❸ガクアジサイ
❹アジサイ‘ゴールドリーフ’
❺コデマリ（鉢植え）

Column

プロに任せたほうがよいのはどういうとき？

ツリーガーデンを美しく維持するために、ときにはガーデナーや造園業者などプロにお願いしたほうが無難なケースもあります。

それぞれの方の実状に合わせて人の手を借りるかどうか、検討してみてください。

プランがうまくまとまらないとき

どんなツリーガーデンにしようかと考えているうちに、希望するイメージが多くなり、プランがまとまらなくなる場合があります。そんなときはプロに相談して、プランづくりのアドバイスをしてもらうことをおすすめします。

植えた木を放置して、樹形が乱れた場合

苗木を植えて数年間放置し、樹高が高くなりすぎた場合、仕立て直しのために数回剪定を繰り返す必要があります。最初の剪定だけでもプロに任せ、その際、今後どのような剪定をしたらよいかを聞いておくと、管理が楽になります。

強剪定をしたほうがよさそうだけど、自信がない場合

木が茂りすぎた、樹形が崩れてしまったなどの理由で強剪定が必要だけど、自信がない場合は、プロにお願いしましょう。その際、今後の剪定の仕方を聞いておくと、その先自分で剪定がしやすくなります。

樹高が4mを超えている木の手入れ

高い脚立を使えば、慣れた方なら手入れは可能です。ただ樹高が高くなると、手入れの際に、思わぬ負担もかかりがち。また、どの枝を切ればよいのかの判断も難しくなり、切りすぎた場合は樹形が乱れることもあります。大きな木の剪定は、プロに任せたほうが無難です。

2.5m以上の木を植える場合

2.5mくらいなら、ご自分で植えることも可能でしょう。ただ、根がついた木を持ち上げようとすると、けっこうな重さがあります。また、しっかりと植えつけしないと風で倒れることもあるので、プロに任せたほうがよいかもしれません。

木が枯れてきたり弱っているとき

自分では原因がわからない場合は、一度、プロに見てもらって原因を突き止めたほうが安心です。そのうえで対処方法を考えましょう。

第 2 章

すぐ実践できる
プランニングから庭づくりまで

植栽の基本や魅力的に見せるコツを知ると、空間づくりが楽しくなります。樹木が映えるスペースを探して、まずはプランニングからスタートしましょう。

どんなふうに樹木を楽しみたいですか？

庭づくりの目標を考える

近年、木を生かしたツリーガーデンに憧れる方が増えています。とはいえ漠然と考えているだけでは、どこから手をつけてよいかわかりません。まずは下のどれに当てはまるかを考えてみましょう。

何からスタートするか

Aを選んだ方はまずスペース探しから。「こんな小さな場所で木を楽しめるの？」と思うような場所でも、環境に合う植物を選ぶと元気に育ちます（P62参照）。Bの方は、今まであったどの植物を残し、何を足すとイメージする庭になるかを考えます（P98参照）。

Cの方はプランニングが重要。スペースに対して効果的に木を取り入れる配置の計画を立てましょう（P66、P92参照）。Dの方は鉢植えで魅力的な風景をつくる配置を、生活動線も含めて考えましょう（P122、P134参照）。

あなたはどれに当てはまりますか？

木を取り入れた庭（ツリーガーデン）をつくりたい理由は、人それぞれ。
自分なりに動機や理由を把握すると、プランニングをスタートしやすくなります。

A
小さなスペースを見つけ樹木を植えたい

奥行きが狭く細長いスペース、デッドスペースを利用して木を楽しみたい。そう思っている方も少なくないはず。小さなスペースのほうが風景がつくりやすい場合もあります。環境がよければ、どのように木を取り入れられるか、可能性を探してみましょう。

B
既存の庭をリメイクしもっと魅力的にしたい

今の庭に飽きてしまった。親から受け継いだ庭を自分好みに変えたい。動機はさまざまですが、庭をリメイクしたい方はけっこういます。その場合、全面的に直す必要はありません。既存の木をうまく利用し、新たに低木や下草を植え足すことで、見違えるほど変わります。

C
樹木を取り入れた庭をゼロからつくりたい

新しく家を建てるときなど、ゼロからエクステリアの植栽を考えたい場合は、建築との調和を考えてプランニングをするのがポイント。空間の用途や場所の条件に合わせて、どんな木、どのような下草を選ぶか。また、どのようなテイストの空間にするか検討しましょう。

D
土のエリアがないけれど樹木を楽しみたい

土の部分がなくても、鉢植えやプランターで十分木を楽しむことができます。鉢植えにすると大きく育ちすぎないので、樹勢のコントロールがしやすいのも特徴。複数の鉢を組み合わせることで、玄関まわりやベランダなど土のエリアがない場所に、自分好みの風景をつくることができます。

目的や用途を整理しましょう

目的と用途を具体的に

次になぜここに木を植えたいのか。木を植えてどのような空間をつくりたいのか、目的や用途を考えます。

たとえば、視線が気になるので目隠しをしたいという方もいるでしょう。あるいは、駐車場が無機質なので印象を和らげたい、なかには建築に似合う植栽でカッコよく見せたいという方もいるはずです。

用途により樹種が変わる

目的や用途によって、どのような木を植えたらよいかも変わってきます。また樹高をどのくらいに収めるかなど、植えた後の管理の仕方にも違いが出てきます。

たとえば目隠しを目的にするなら、一年中葉がある常緑樹が向きますが、季節感を楽しみたいなら落葉樹がおすすめです。このように目的や用途を整理することでプランニングの手がかりが生まれ、イメージが徐々に具体的になっていきます。

ツリーガーデンの目的や用途

この空間をどのように活用したいのか。ツリーガーデンをつくりたい
目的や用途を整理すると、具体的なプランが立てやすくなります。

構造物を目立たせない

エアコンの室外機や給湯器を隠したい、アルミのフェンスを目立たないように、構造物の印象を和らげたい方も多いはず。上手に樹木を配置したり、つる性植物を利用することで問題を解決できます。

間仕切り

駐車場とアプローチの間、庭とエントランスの間など間仕切り目的の植栽には、樹形がスリムな木がおすすめ。同じ種類で同じ高さの木を並べるより、複数の種類で高低差をつけたほうがナチュラルな印象に。

目隠し

通りや向かいの家からの視線を遮りたい、隣家の建物をなるべく見えなくしたいなど、目隠しを目的にするなら常緑樹を取り入れて。艶のある葉の常緑樹と、葉色の明るい植物を組み合わせるのがコツ。

子どもと収穫を楽しみたい

自宅で収穫を楽しみたい方は、ブルーベリーやジューンベリー、ユスラウメ、フェイジョア、レモンなど、花も実も魅力的な木がおすすめ。フェンスにはブラックベリーやムベなど、つる性の植物を取り入れましょう。

自然を感じたい

別荘のような雰囲気を味わいたい、四季の移ろいを感じたい。そんな方は、落葉樹の雑木を取り入れて。芽吹き、新緑、紅葉、冬の枝など四季折々の風景が楽しめます。下草に野の草花を取り入れるのもおすすめ。

家の印象をよくしたい

エントランスやアプローチ、塀の外の植え枡《ます》、駐車場など人目に触れやすい場所は、植栽によって家の印象が変わります。また建築をより魅力的に見せる働きも。家の顔になる場所には花木を植えると華やかに。

探せばまだまだツリーガーデンになる場所があります

どんな小さな場所も諦めないで

敷地のどこに木を植えられるスペースがあるか、案外見落としている場合もあります。とくに極小スペースやデッドスペースなどで諦めているところはありませんか。

狭いところでも、工夫次第で木を楽しむことは可能です。たとえば塀と構造物の間や駐車場の脇など、わずかな隙間でも、環境に合う植物を選べば植物を育てることができます（P120参照）。

まずはぐるりと家のまわりを見て回りましょう。新たな発想でスペースが見つかるかもしれません。土がない場所は大きめのプランターを利用して箱庭感覚で植栽をつくったり、鉢を効果的に並べることで、魅力的な風景を実現できます。

こんな場所が活用できます。

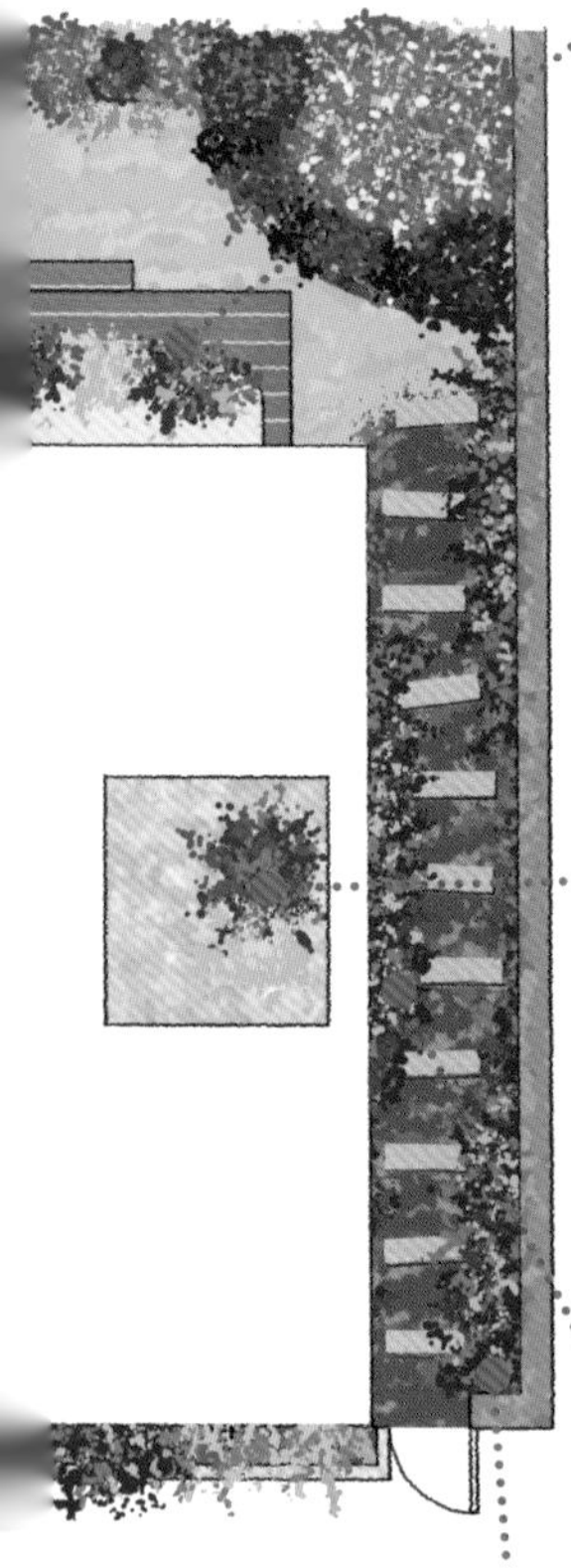

ベランダ

鉢植えを利用して、目隠しも可能。ただし階数にもよりますが、強風に注意を（P134参照）。

パティオ（中庭）

最近人気があるのがパティオ。日照や通風が不足しがちな場合もあるので、条件に合った植物を選びましょう（P130参照）。

半日陰の狭い通路

つる性植物で空間を立体的に利用したり、半日陰向きの植物を取り入れるとともに、明るい葉色の下草で空間を明るく見せる工夫を。

デッドスペース

極小スペースやデッドスペースも、工夫次第で木を植えることは可能です（P129参照）。

メインの庭

日照や隣家との距離などを考慮して、プランニングしましょう。

道路沿いの幅の狭いスペース

奥行きが40cm以上あれば、低木を利用した植栽は可能です。道路にはみ出さないよう、剪定はこまめに。

駐車場の縁

コンクリートと塀や家屋の間の狭いエリアも、植物を植えるとイメージが一変(P118参照)。

玄関まわり

エントランスに上手に鉢を配すると、玄関の印象をアップすることができます(P122参照)。

小さなフロントガーデン

フロントガーデンは、いわば家の顔。小さいスペースでも木を植えると風格が出ます(P110参照)。

アプローチ

門から玄関までのアプローチは、ワクワク感が大事。変化を持たせ、単調にならないように(P124参照)。

塀の外の植え枡《ます》

家屋や塀と一体となった植栽部分を植え枡といいます。植え枡の植栽は、構造物との調和が大事です(P126参照)。

知っておきたい樹木の性質や樹形

常緑樹と落葉樹

樹木には常緑樹と落葉樹があります。またシマトネリコなど、一般的には常緑樹ですが寒冷地では落葉する木は半常緑樹と呼ぶこともあります。それぞれ特徴が違うので、用途によって使い分けることが大切です。

樹形の違いを理解する

木によって、自然に育ったときの樹形に特徴があります。苗の仕立て方や剪定である程度コントロールできますが、狭い場所は樹形がスリムなものにするなど、空間に合った樹形の木を選ぶことをおすすめします。

生育環境の違いを知る

植物によって、好む日照の量が違います。木漏れ日程度の光を好む植物を日向に植えると葉焼けしたり、日照が好きな植物を半日陰に植えるとうまく育たず、花が咲かない場合があります。性質を確認し、環境に合った植物を選びましょう。

[常緑樹]

特徴

- これまでの葉が落ちる前に新しい葉が出て、一年を通して葉をつけている。
- 厚みや艶がある葉の木が多い。
- 冬でも葉があるので寂しくならない。
- 庭に常緑樹の割合が多すぎると、樹種によっては単調なイメージになることもある。
- 目隠しや構造物を遮る役目を果たす。

[落葉樹]

特徴

- 秋や冬になると葉を落とし、木が休眠する。
- 芽吹き、新緑、紅葉、幹と枝だけの風景と、季節によってさまざまな表情を見せてくれるので、季節感を味わえる。
- 秋に落葉するので、紅葉後に落ち葉の掃除が必要。
- 冬は葉が落ちて枝だけになるので、目隠しには使いにくいが、屋内に日が入りやすくなり、夏には日陰をつくる。

仕立て方の違い

生産者による庭木の仕立て方は、大きく「一本立ち」と「株立ち」に分けられます。それぞれ特徴が違うので、植える場所やイメージによって選択しましょう。

[株立ち]

根元から複数の幹を生やす仕立て方。一本立ちに比べて幹が細く軽やかで、自然の趣を感じさせます。樹勢が分散し、枝や葉の数が増えるので、やわらかな印象になります。

[一本立ち]

一本の樹姿で幹を育てる仕立て方。「単木」、「単幹」とも呼ばれ、力強く風格が出ます。樹種によっては生育が早いので、こまめな剪定をおすすめします。

成長したときの樹形の違い

樹木は種類によって枝の伸び方に特徴があり、自然に成長したときの樹形に違いがあります。
自然樹形を知っていると、環境や条件に合わせて木を選ぶ際に役立ちます。

[直立卵型]

幹はまっすぐに伸び、卵形に育ちます。

代表的な樹木：キンモクセイ、タイサンボク、ツバキ、カラタネオガタマ

[直立枝分かれ型]

幹が上にまっすぐに伸びる樹形。あまり大きく広がらなくても雰囲気が出るので、コンパクトに仕立てやすい型です。

代表的な樹木：ハイノキ、ヒメシャラ、アオダモ、ナナカマド、エゴノキ

[横張り型]

定まった樹形にならず、枝が横に広がるように伸びる樹形。余裕のある空間で育てると木のよさが出せます。

代表的な樹木：オリーブ、アカシア（ミモザ）、スモークツリー、ジューンベリー

[こんもりまとまる型]

幹はまっすぐ育ち、枝分かれし、枝葉はこんもりとまとまります。

代表的な樹木：アセビ、ソヨゴ、フェイジョア、イチゴノキ

[枝分かれ低木型]

根元から枝分かれし、低く育つ樹形。

代表的な樹木：アジサイ、ジンチョウゲ、ビルベリー、コロキア、シャリンバイ、ツツジ

[開帳型]

細い枝が、根元から湾曲して広がるように伸びる樹形。伸びた枝が弓状に垂れるよさを生かして仕立てます。

代表的な樹木：アベリア、ユキヤナギ、シモツケ、コデマリ、コムラサキ、セイヨウイワナンテン、ハギ、キンシバイ

[匍《ほ》匐《ふく》型]

枝を広げて這い広がる樹形。ローズマリーのように、同じ植物でも直立型、横張り型、匍匐型があるケースも。

代表的な樹木：ハイビャクシン、グレビレア（匍匐性の品種）、ローズマリー（匍匐性の品種）

[円錐型]

上に行くにしたがって細くなる円錐形に。コニファーなど、針葉樹に多い樹形です。

代表的な樹木：モミノキ、コウヤマキ

[枝《し》垂《だ》れ型]

枝がしなやかに枝垂れる樹形で、園芸品種としてつくられたもの。花木の場合、花が滝のように咲きます。

代表的な樹木：枝垂れザクラ、枝垂れ梅、枝垂れ柿、枝垂れモミジ

Ⅰ プランの立て方

場当たり的に植物を植えていくと、風景がまとまりません。魅力的なシーンをつくるためには、しっかりプランを立てることが大切。コツさえ押さえれば、どなたでも見映えのする空間をデザインできます。

STEP 1 イメージをふくらませる

憧れに近い写真を探す

どのスペースをツリーガーデンにするのか決まったら、書籍や雑誌、ウェブなどでお気に入りの庭や植栽の写真を探しましょう。

雑木中心のナチュラルな庭、シャビーなフレンチテイストの庭、アジアのリゾート風の植栽、オーストラリアンプランツが似合う庭やドライガーデンなど、さまざまなテイストがあります。自分の好みがはっきりすると、これからつくるスペースのイメージがより具体的になります。

育ててみたい木は？

散歩の途中で見つけた木が気に入った、子どもの頃に庭にあった木が懐かしい、ピンクの花が咲く木がほしい、実がつく木を植えたいなど、なんでもかまいません。育ててみたいイメージの植栽を見つけてリストアップしましょう。

次にそれらの性質や生育条件を調べ、環境条件が合うようなら候補に。プランニングの際、候補の木をどう使うかを検討します。

建物の外観も考慮

中高木や低木、下草の組み合わせで自分らしい世界観をつくれるのがツリーガーデンの楽しさ。その際、建物と植物が引き立て合うことで、より素敵な景観を実現させるのが理想です。とくにアプローチやフロントガーデンは家の印象を決めるスペースなので、建物との調和を考えてプランニングするのがポイントです。

プランニングの流れ

イメージをふくらませる

憧れに近い写真を探し、育ててみたい樹種をリストアップ。
建物の外観に合わせてイメージをふくらませます。

▼

スペースに合わせて空間のプランを立てる

ツリーガーデンにしたい場所の環境をチェック。
簡単な図面を書き、イメージを具体的に落とし込んでいきます。

▼

樹種を選択し、本数を割り出す

この空間には何本の木が適切かを考え、環境条件に合ったメインの木、
サブの木、その他の低木を選定します。

▼

下草を選ぶ

木を引き立てるリーフ類や花の咲く植物を選びます。

外観のタイプと、合いやすい植栽

建物の雰囲気によって、似合うツリーガーデンのテイストも変わってきます。
下に紹介する「似合う植栽」を参考にしてみてください。

［ナチュラル］ 雑木を取り入れたナチュラルな庭がぴったり。実がなる木や紅葉が美しい木を取り入れ、四季を追って花木や下草の花が咲くようにプランニングするとより魅力的になります。下草には山野草も似合います。

似合う植栽
- ■自然樹形の美しい雑木を取り入れる
- ■ハーブや実のなる木を取り入れる
- ■花木とやさしい雰囲気の多年草の組み合わせ

［モダン］ スタイリッシュなデザインの建物は、エクステリアに植栽を取り入れることで有機性が生まれ、イキイキした景観に。ポイントを絞りコンセプトを明確にすることで、建物と調和します。石組みや苔もモダンな建築に映えます。

似合う植栽
- ■オーストラリアンプランツなどを使った植栽
- ■葉色のコントラストを楽しむ植栽
- ■造形的に面白い植物で個性を出す

［和モダン］ 雑木と野草で落ち着きのある庭。スペースを区切って、単色の植栽でボリュームをつけたデザイン、タイルや石と調和するシャープな印象の植栽が似合います。季節感のある花木を取り入れるのもおすすめです。

似合う植栽
- ■トクサや幹に特徴のあるシャープな植栽
- ■石を取り入れた空間づくり
- ■紅葉する木で季節感を演出

［エレガント］ 花が可憐な木とやわらかい葉色のリーフ類がよく似合います。グリーンを多くすると、ボリューム感が出て建物によく映えます。ところどころにつるバラや花が美しい多年草を植えると、華やかさがアップ。

似合う植栽
- ■斑入りや黄金葉の木を取り入れた軽やかな植物
- ■つるバラや花木を使った華やかな植栽
- ■葉形が繊細な木や下草を多めに

STEP 2

スペースに合わせて空間の計画を立てる

環境条件を確認

　下のチェック項目を参考に、ツリーガーデンをつくりたい場所の環境条件を確認しましょう。日照が確保できる場所なら日向を好む木や夏の日差しに強い下草を、日照が少ない場所には半日陰向きの木や下草といった具合に、植える植物が絞られてきます。そのうえで、植えてみたい木を取り入れて計画を立てます。

図面を描いて整理を

　具体的に空間の計画を立てるにあたっては、簡単でよいのでスペースの平面図を描くと整理しやすくなります。その際、下のチェック項目を描き込むとよりイメージが具体的になります。

　また、道路や家屋の窓の位置も描き込みましょう。家の中からどんな風景が見たいのか。隠したいものはどこにあるか。普段家族はどこを歩き、生活動線はどうなっているのかなど、図面化すると明確になります。

部屋からの風景を想定

　メインの庭なら、たとえばリビングルームから見たとき、どんな風景にしたいか。パティオなら、どの部屋から見たときの風景を優先するかなど、具体的に思い描いてみましょう。図面に視線を表す線を描き入れて、木の高さや葉色でリズムをつけて構成すると、木の配置が決めやすくなります。

来訪時の風景を意識

　アプローチやフロントガーデン、駐車場近辺などは、外からよく見える場所なので、その家の第一印象に大きく影響します。お客様をお迎えする意識を持って、計画を立てましょう。

　花木や花が美しい多年草を多くし、寄せ植えを置いておもてなしの心を表わす。苔とモミジで茶室の露地風にする。個性的な植栽で表現の場にするなど、コンセプトを決めると計画が立てやすくなります。

空間の計画を立てる際にチェックしたい項目

✓日照の状況

1日のうちどのくらい日が当たるか、またどの場所によく日が当たるかを確認。
それによって、どこを植栽部分にするか、どんな植物を選ぶかが決めやすくなります。

✓植物が根を張れる地中の深さ

植え桝《ます》など構造物と一体になっている場合は、どのくらいの深さまで根が張れるかを確認。
場所に合った根鉢の直径と高さで木を選び、不安定な場合は根づくまで支柱で補います。

✓生活動線

普段家族がどこを歩くか。生活動線を図面に描き込むことで、
どこに木を植えたらよいかが明確になります。

✓隣家との距離

成長後隣家の土地に枝が張り出さないか、落ち葉が散らないかなどをチェック。
隣家が迫っている場合は、スリムな樹形の木を選ぶなどの配慮も必要です。

STEP 3

樹種を選択し、本数を割り出す

メインとサブの木を決める

まず環境条件に合わせてメインの木を決めます。サブの木はメインが常緑樹なら落葉樹、メインが落葉樹なら常緑樹にすると変化のある庭になります。スペースに余裕がある場合は、サブは数本あるとよいでしょう。

木を選ぶ際は樹形を知り、成長後の姿をイメージしましょう。狭いスペースなら直立型の木を、余裕がある場合は横張り型の木を選ぶなど、スペースに合った自然樹形の木を選ぶのがポイント。日照条件に合わせた木を選ぶことも大切です。

低木を決める

次に低木を決めます。その際、常緑樹の近くには落葉樹を植えるなど、一年を通して庭の様子をイメージして。花や葉色、葉形、樹形、高さなどを考えて、リズムがつくようにします。差し色として銅葉（赤紫）や黄葉（黄緑色）の低木を入れると、風景にメリハリがつきます。

花期を考える

花木の場合、花期をずらし、季節を追って花が咲くようにプランニングすると季節感が楽しめます。花色も合わせてイメージしましょう。

「少なめにスタート」がコツ

目的のスペースに何本くらい木を植えられるかは、下の図を参考にしてください。ただ、これはあくまで「最低限これだけは間隔をあけましょう」という目安です。

木や下草などの植物の量が多すぎると、将来的に剪定や水やりなどの手入れも大変になり、成長したときに空間が込み合い、病害虫の原因にもなります。植えてみたい木がいろいろあったとしても、まずは「ちょっと少ないかな」と思う本数からスタートしましょう。

様子を見ながら足して2〜3年かけてベストボリュームにもっていくのが、上手な空間づくりのコツ。くれぐれも植えすぎに注意しましょう。

木を植える間隔の割り出し方

数年後にどのくらいの大きさに育っているかを想定しましょう。たとえば高さ2mに育てるとすると、1〜2mは枝張りがあると考えます。その場合、隣り合う木との間に多少の空間をつくることで、下枝にも日が当たるよう余裕を持たせて、1m以内は他の木を植えられません。フェンスとの距離も、最低80㎝は必要です。壁やフェンスに近いと、空間が広いほうばかり葉が茂り、バランスを崩します。
木をジグザグに植えたり、横張り性の強い木の場合は樹形を生かすために広い空間を取るなど、成長後の樹形も考慮して配置するようにしましょう。

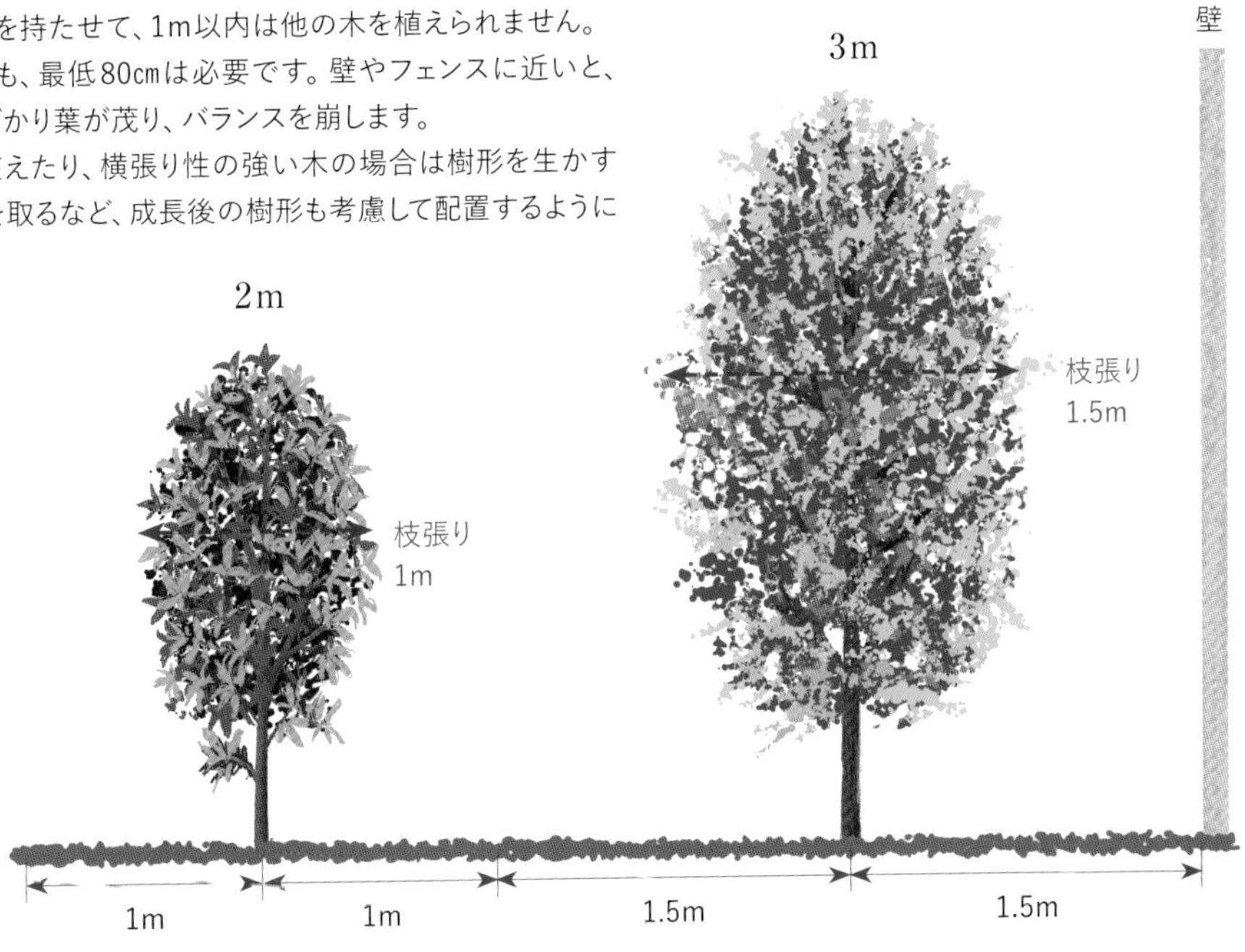

空間をデザインするコツ

漫然と樹木を並べて植えたのでは、まとまりがない風景になりがち。
次の3点を意識すると、まとまりのある空間になります。

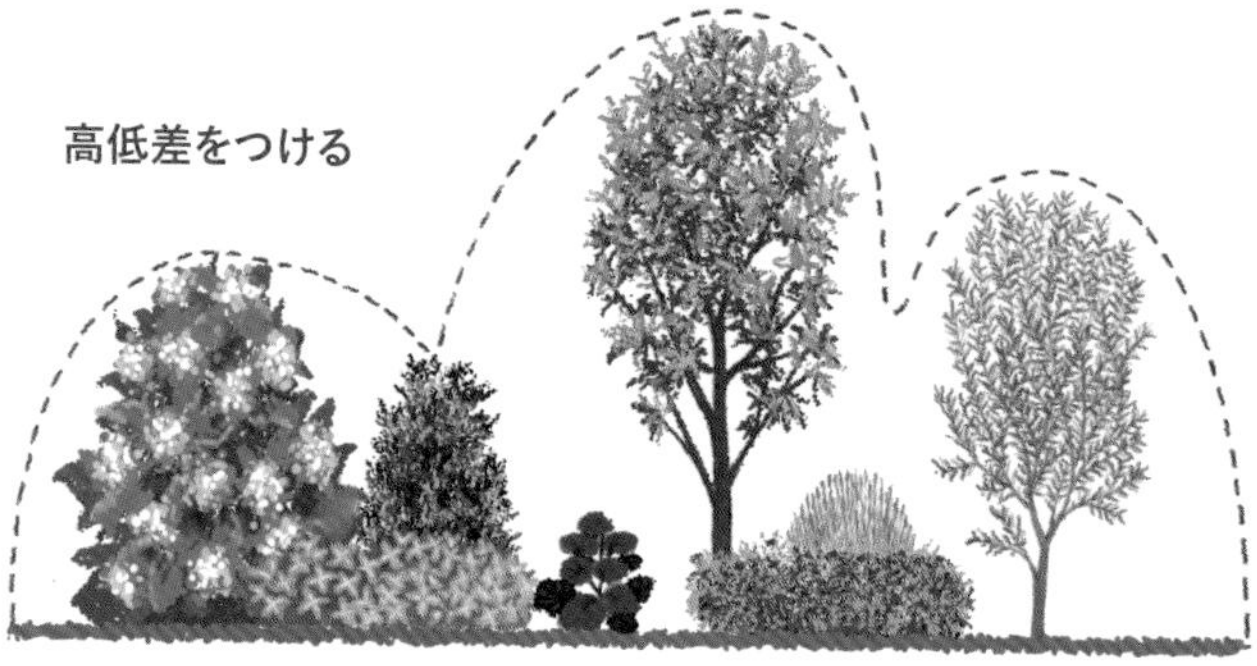

中低木と低木の配置は、すべての植物に日が当たり、目線に入るようにランダムに配置する。

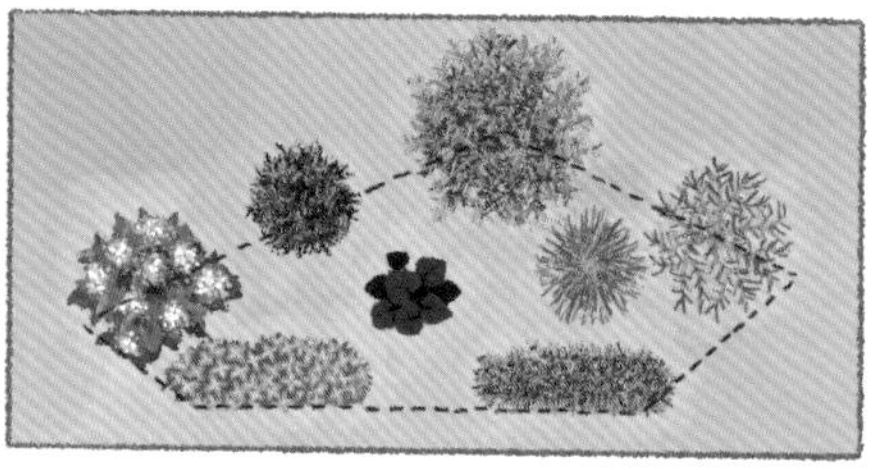

テクニック1

高低差をつける

成長後の木々も、高さにメリハリがあると、空間が生きます。すべてが同じ高さにならないように計画し、樹形の違いを生かすのもコツ。また同じ高さの木が直線で並ばないようにすると風景が立体的になります。

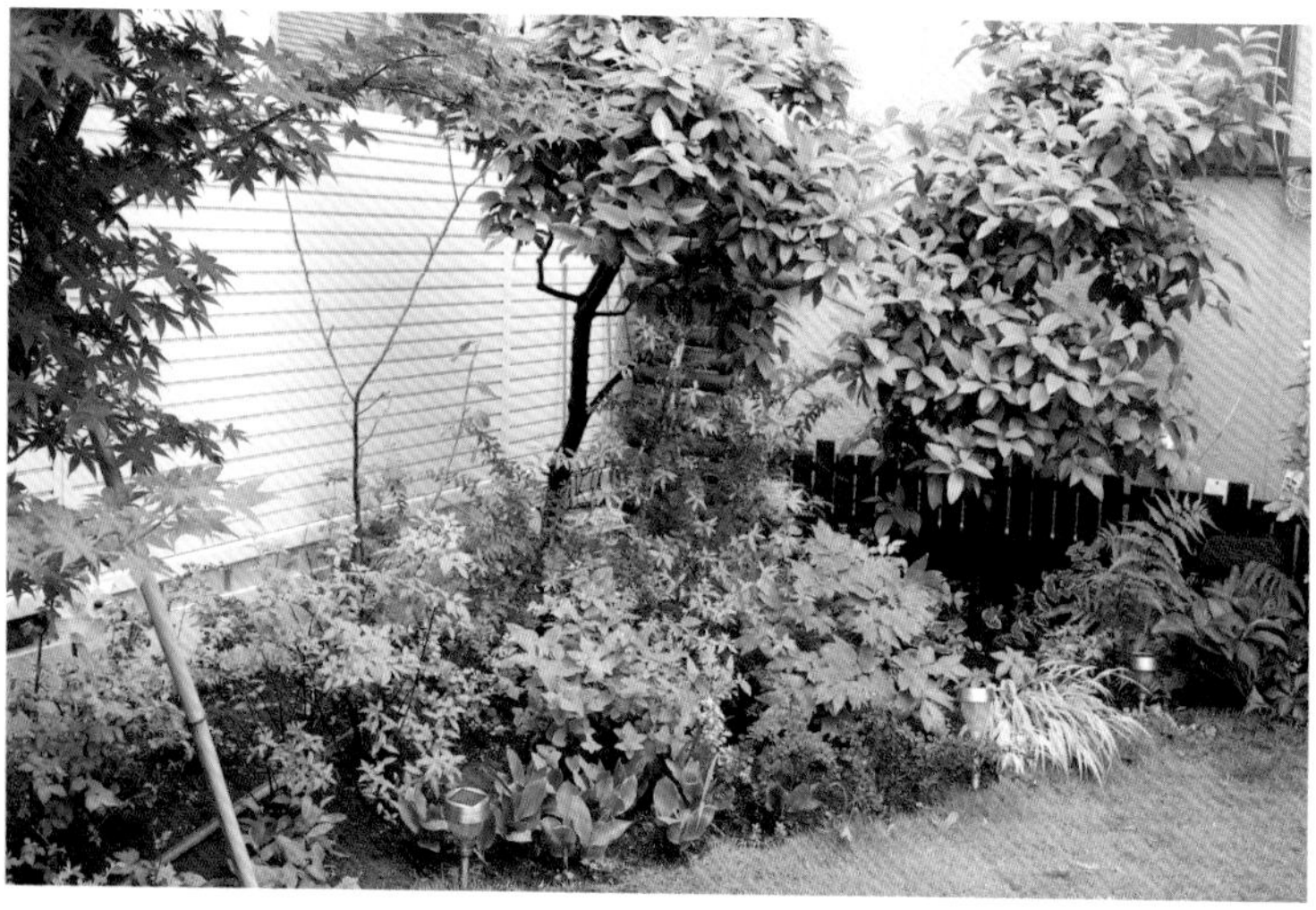

テクニック2

葉形や葉色のコントラストを意識する

さまざまな葉形や葉色の植物を組み合わせると、ニュアンスが複雑になり、魅力的な風景になります。下草も含めて、隣り合う植物との、葉色や葉形のコントラストを意識しましょう。

テクニック3

視線がいく場所に花の咲く低木を

リビングルームのソファーから庭を見る、ダイニングテーブルについたときに窓を見るなど、視線の位置を決めます。その高さに花木をもってくると自然と花が目に入り、心やすらぎます。

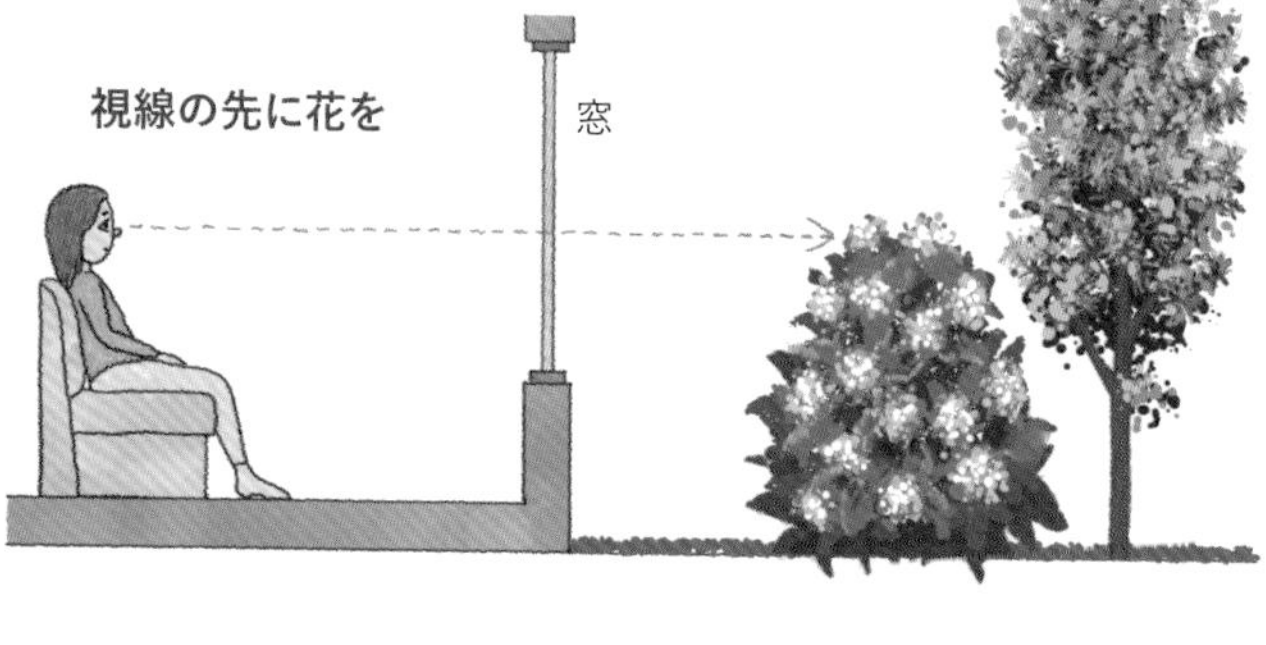

STEP 4

下草を考える

多年草を中心に

木の下草として使いやすいのは、数年にわたって生き続ける多年草です。春夏秋冬それぞれ、花の咲くものを取り入れ、季節感を楽しみましょう。また、常緑の多年草も取り入れると、冬も寂しくなりません。一年草は種で増えたり花がたくさんつく植物も多いので、好みで一年草を加えると風景が華やかになります。

駐車場のコンクリートの隙間などには、イワダレソウやディコンドラなど匍匐《ほふく》性の植物を植えると、構造物の印象を和らげます。

日照条件を考慮

木の下は日照が遮られやすいので、日向を好む植物は適しませんが、もともと里山や雑木林で生育していた野草は木漏れ日くらいの日照を好むものが多いので、雑木中心のナチュラルなツリーガーデンと相性がぴったりです。

日向の下草の例　中高木を背景に、中景に背が高いデルフィニュームやジギタリス、一年草のオルラヤを。手前は背の低いハーブ類で構成。常緑樹の濃い緑色に映えるよう、白花の植物を多くしています。

半日陰の下草の例

シダ類や林床に自生する植物は、半日陰に植えると葉色がきれいに育ちます。斑入りの植物は直射日光には弱いですが、空間を明るくしてくれます。左の写真は、斑入りミズヒキ。

魅力的に見せる下草の植え方

下草を選ぶ際は、葉を楽しむカラーリーフ類と花を楽しむ植物をバランスよく混ぜましょう。花は季節感を表現してくれる存在です。とくにまだ葉が出揃わないうちに咲く早春の花は、季節の訪れの使者ともいえる植物。ぜひ植えたいものです。

カラーリーフは木と引き立て合い、花の少ない時期の風景をより魅力的にしてくれます。斑入り葉や銀葉、黄金葉は風景を明るくする効果が。銅葉は、風景を引き締める効果があり、それらを適度に混在させることで、コントラストがつき、複雑なニュアンスが生まれます。

またギボウシのように葉面が大きいもの、アサギリソウのように細かいものなど、葉形が違うものを隣り合わせにし、お互いに引き立て合うよう配置するのもコツです。

テクニック1

株間をあけ、「少なめ」からスタート

植えつけの際は、植物と植物の間隔を20cm以上あけて植えましょう。植えつけ直後は寂しい感じがしますが、株が育つと、ちょうどよくなります。ぎっしり植えると込み合って風通しが悪くなり、害虫や病気の原因にもなります。

テクニック2

四季の花を取り入れる

下草に四季それぞれの花を取り入れると、季節感が味わえます。この写真はヒメシャラの木の下草。スズラン、チョウジソウ、ノコンギクなど、可憐な花が、季節を追って咲きます。写真は10月の様子。

テクニック3

葉色や葉形が違うリーフ類を合わせる

隣り合うリーフ類の葉色や葉形にコントラストをつけると、リーフだけでもイキイキとした風景になります。写真は銀葉のアサギリソウ、黄金葉のオレガノ'ノートンズゴールド'、シャガ、春にルリ色の花を咲かせるチョウジソウなど。銅葉の低木は、アメリカテマリシモツケ'ディアボロ'。

図鑑

おすすめの庭木

丈夫で育てやすく、見た目も魅力的な木を集めました。
プランニングの際、参考にしてください。

【図鑑の見方】

植物名…樹木の一般名称、別名はカッコ内に表示

科名……植物分類学上の科名

性質……秋に落葉するものを落葉樹、通年常緑なものを常緑樹、土地の気温により落葉することがあるものを半常緑樹とする。中高木は樹高3～6mで形がまとまるもの、中木は2～3m、低木は0.5～2mで形がまとまるものとする。

樹高……自然に育ったときの最高の高さ

開花……開花する時期　**結実**……結実時期

＊関東以西を基準としている。

【アイコンの説明】

刈り込んで生垣などにできる。

花を楽しめる。

実を楽しめる。

紅葉・黄葉を楽しめる。

香りを楽しめる。

メインの木に向いているもの

メインの木とは、空間の芯となる位置に植える木のことです。常緑、落葉を問わず、風格や存在感がある中木～中高木がメインの木に向いています。ここにご紹介するのは、花が美しい木もあれば、葉に特徴がある木もあります。スペースのイメージに合わせて、どのような木を選ぶか決めましょう。

ヒメシャラ

科名：ツバキ科／**性質**：落葉中高木／**樹高**：3～15m
開花：6～8月／**結実**：10月

ナツツバキとよく似ていますが、花がやや小さく、葉が細長いのが特徴。幹は根元から枝分かれしながら縦に伸び、収まりのよい樹形です。落葉時の特徴的な幹肌や、やわらかい毛で覆われた芽の姿は、冬の景色としても魅力的です。

栽培管理のポイント

夏の直射日光による葉焼けや乾燥に弱く、やや寒さにも弱いため、建物の陰になる場所や中庭に植えるのもおすすめ。樹形も整いやすいので剪定は高さを抑えて、徒長枝を切る程度に。

ナツツバキ（シャラノキ）

科名：ツバキ科／**性質**：落葉中高木／**樹高**：3～15m
開花：6～7月／**結実**：9～10月

ツバキに似た、上品な花やつぼみは、梅雨の時期の茶花として用いられます。インドのシャラノキと似ていることから、「沙羅の木」の別名も。やや横に広がる樹形です。

栽培管理のポイント

花後に翌年の花芽をつけるので、茂りすぎた場合は花後に枝を透かし、落葉期に樹形を整えます。自然樹形で整いやすいので、剪定はそれほど必要としません。枝の途中で切ると枯れ込むので、短枝は残し、不要枝を枝元から切ります。

ヤマボウシ

科名：ミズキ科／**性質**：落葉中高木／**樹高**：3〜10m
開花：6〜7月／**結実**：10月（食用）

山野に自生し、花が咲くとよく目立ちます。花のように見えるのは総《そう》苞《ほう》と呼ばれる部分で、花が開くと徐々に大きくなり、木が白く覆われて涼やかな印象。熟すと赤くなる上に突き出す実は、甘酸っぱい味がします。

栽培管理のポイント

自然樹形でまとまりやすいので、一本立ちか株立ちか、植える場所によって選びましょう。できればのびのびと育てられるスペースに植えると、本来の優雅さを発揮できます。

コハウチワカエデ

科名：ムクロジ科／**性質**：落葉中高木／**樹高**：3〜10m

庭木向きのサイズと、切れ込みが浅く丸みを帯びたかわいらしい葉形が特徴的。洋風の庭にもよく合います。新緑や紅葉の美しさが魅力で、比較的成長が穏やかなので、株立ちで仕立てたものは鉢植えでも十分に楽しめます。

栽培管理のポイント

夏に水切れすると秋の紅葉前に葉が傷むので注意。ほどよく日に当たる場所で朝晩冷え込むと、きれいな紅葉が見られます。自然樹形で整いやすいので、剪定も難しくありません。

ハナミズキ

科名：ミズキ科／**性質**：落葉中高木／**樹高**：3〜12m
開花：4〜5月／**結実**：9〜10月

庭木や街路樹として親しまれています。樹皮は灰黒色で、花弁に見える部分は総苞です。前年の秋には花芽が確認でき、赤い実と紅葉と花芽が同時に楽しめます。

栽培管理のポイント

自然樹形で整いやすいですが、大きくなるとふくよかに育つため、スペースを確保しておくとハナミズキらしさが楽しめます。夏の水切れで翌年の花芽が落ちることがあるので注意。うどんこ病の発生は早期発見、早期薬散をおすすめします。

ナツハゼ

科名：ツツジ科／**性質**：落葉中木／**樹高**：1.5〜3m
開花：5〜6月／**結実**：7〜10月

山野の日当たりのよい場所に自生する木で、野趣豊か。初秋から葉が赤く色づき、黒い実がつきます。根元近くから枝分かれして、華奢ながらも存在感があります。

栽培管理のポイント

自然樹形で整いやすいので、木の骨格ができたら、ひこばえや胴吹きを切る程度で手入れも簡単。夏の直射日光が当たりすぎた場合、紅葉前に葉が落ちてしまうので、東側か明るい日陰に植えるか、夏にしっかりと水やりをおすすめします。

ドウダンツツジ

科名：ツツジ科／**性質**：落葉中木／**樹高**：1～3m
開花：4月／**結実**：10月

春の小さなかわいい花から夏の新緑、真っ赤な紅葉、冬の枝と芽の美しさと四季を通して楽しめます。自然樹形のやわらかい枝ぶりも魅力。刈り込みに強いので生垣や玉仕立てにもできます。

栽培管理のポイント

適度に日が当たる場所で夏の水切れに注意すると、新緑や秋にきれいな紅葉が見られます。剪定は芽出し前に徒長枝や込み入った不要枝を切り、花後に咲いた花を刈り取るように全体にハサミを入れると新芽が伸びやすく、秋に紅葉も美しく楽しめます。

アオダモ

科名：モクセイ科／**性質**：落葉中高木／**樹高**：3～15m
開花：4～5月／**結実**：9月

名前の由来は雨上がりに樹皮が青緑色になるから、枝を切って水に浸けると水が青色になるからとも。幹肌に模様があり、落葉後も美しさが際立ちます。すらっとして上のほうがふんわりする樹形は、建物を引き立てながら野趣あふれる景色を演出します。

栽培管理のポイント

直射日光が当たらない明るい半日陰が適所。剪定は自然樹形を生かして、葉のついている時期は弱剪定のみとし、落葉時に不要枝を剪定する程度に。夏は定期的にたっぷり水やりをします。

エゴノキ

科名：エゴノキ科／**性質**：落葉中高木
樹高：3～15m／**開花**：5～6月／**結実**：7～8月

白やピンクの釣り鐘状の花が連なりながら下がって咲く様子が可憐で、花後の実も魅力。幹はすらっと縦に伸び、大きくなるにつれて曲がりながら枝を長く伸ばします。常緑エゴノキや枝垂れ種もあります。

栽培管理のポイント

大きく育つ木のため、庭木の場合は木が大きくなりすぎないうちに主幹を切り、落葉時に徒長枝や樹冠からはみ出した枝を剪定します。

アオハダ

科名：モチノキ科／**性質**：落葉中高木／**樹高**：3～15m
開花：5～6月／**結実**：9～10月

新緑が美しく、存在感があります。上がすぼまる樹形で、場所を選ばず景観になじみやすい木です。樹皮をめくると緑色の内皮が見えるのでアオハダの名が。雌雄異株で雌株には秋に赤い実がなります。

栽培管理のポイント

西日や夏の日差しで葉が焼けるので、直射日光を避けた明るい場所が適所。不要枝や枝透かし適度の軽い剪定をすることで、自然樹形を楽しめます。

リキュウバイ

科名:バラ科／**性質**:落葉中木／**樹高**:2～5m
開花:4～6月／**結実**:8～9月

明治末期に中国から渡来し、茶花としても親しまれています。花は直径4～5cmで控えめですが、花の少ない晩春から初夏にかけてまとまって咲く姿は見事です。

栽培管理のポイント

花芽は短い枝につき、長い枝につかないので、落葉期に長い枝は3～4節残して剪定します。生育旺盛で萌芽力が高いので、全体の風通しや日当たりを考慮して間引き剪定をしましょう。丈夫で、病害虫の被害もあまり受けません。

ツリバナ

科名:ニシキギ科／**性質**:落葉中木／**樹高**:2～4m
開花:5～7月／**結実**:9～10月

ぶら下がって花が咲くのでこの名が。秋に垂れ下がる赤い実は、弾けると小さな種が覗きます。紅葉も美しく、楚々とした佇まいがあり、小さな庭ならメインツリーとしても存在感を発揮。ツリバナは花弁が5裂、近似種のマユミは4裂になります。

栽培管理のポイント

真夏の水切れで葉焼けしやすいので、半日陰が適所。半日陰で育てると紅葉も美しくなります。丈夫で育てやすく、自然樹形で整いやすいので、剪定はそれほど必要ありません。

スモークツリー

科名:ウルシ科／**性質**:落葉中高木
樹高:4～6m／**開花**:5～6月／**結実**:6月

雌雄異株で、花の後に煙の様な羽状になるのは雌株の花穂です。矮性種も流通しています。耐暑性・耐寒性に優れています。

栽培管理のポイント

過湿や蒸れにやや弱く、日当たりと風通しのよい場所が適所。うどんこ病が発生した場合は殺菌剤を散布します。樹形を乱す長い枝や横に伸びる枝は、短枝との分岐点で剪定を。古くなって葉の色があせてきた場合は古枝を、大きくなりすぎた場合は主幹を剪定しコンパクトに仕立て直します。

ミツバツツジ

科名:ツツジ科／**性質**:落葉中木／**樹高**:1～3m
開花:3～4月／**結実**:10月

すらりとした樹形で、春、葉が出る前に花を咲かせる姿は華やかで庭のポイントに。紅紫の菱形の葉は、他の樹木よりもやや赤みを帯びていて特徴的な色をしています。流通は少ないですが、白花も美しく、華麗です。

栽培管理のポイント

耐寒性・耐暑性があり、ほどよく日の当たる場所で花をつけ、栽培も簡単です。自然樹形を生かして、徒長枝を剪定すると樹形が整います。

ハイノキ

科名：ハイノキ科／**性質**：常緑中高木／**樹高**：2～12m
開花：4～5月／**結実**：10～11月

山間の岩場に群生するやわらかい印象の常緑樹。細葉や灰色を帯びた幹は個性的で、他の常緑樹にはない趣です。ハイノキの材からつくった灰汁を染め物に使ったことからこの名がつきました。

栽培管理のポイント

成長が遅く、自然樹形が整いやすいので剪定もそれほど必要ありません。花後に葉の更新でやや黄葉が出ますが、初夏から乾燥に気をつけて水やりすれば新芽が出揃います。風通しが悪いとアブラムシやカイガラムシなどの害虫が発生するので注意を。

ジューンベリー

科名：バラ科／**性質**：落葉中高木／**樹高**：3～10m
開花：4～5月／**結実**：7～8月（食用）

春、まとまって咲く白い花と新緑、夏の赤い実、秋の紅葉と四季を通して楽しめます。実は食用にもなり、庭木として親しまれています。日本原産の品種は実が黒く色づきます。

栽培管理のポイント

自然樹形でまとまりやすいですが、1年に1回程度、徒長枝や古枝、ひこばえは剪定しましょう。2～3年実をつけた枝は若い枝の出ている分岐点で剪定し、木が疲れないようにします。病害虫の被害はあまり受けません。

常緑ヤマボウシ

科名：ミズキ科／**性質**：常緑中高木／**樹高**：3～5m
開花：6～7月／**結実**：10月

常緑ヤマボウシとしていくつかの品種が流通しています。ホンコンエンシスは葉に光沢があり、晩秋に赤く染まります。ヒマラヤヤマボウシは、やや黄色みのある花が特徴。葉が密に茂り花つきもよいので、メインツリーから目隠し、サブツリーまで幅広く活躍します。

栽培管理のポイント

生育が緩やかで、自然樹形にまとまります。やや乾燥に弱いので、夏の日照りの際は、翌年の花芽のためにも水やりをしっかりと。病害虫被害も少なく丈夫です。

ソヨゴ

科名：モチノキ科／**性質**：常緑中高木／**樹高**：3～7m
開花：6～7月／**結実**：10～11月

波打つ葉は冬も青く、一年を通して緑が美しい木です。雌雄異株で、近隣の街路樹にも植樹されている場所では雌木を植えると大抵実がつきます。株立ちと一本立ちの苗が流通しているので、植える場所に合わせて選びましょう。

栽培管理のポイント

生育が緩やかで自然樹形も整いやすく、日陰でも栽培可能。強い直射日光は葉焼けの原因となるので注意。耐寒性・耐暑性、病害虫にも強く、他の植栽にも幅広く合わせやすい木です。

フェイジョア

科名：フトモモ科／**性質**：常緑中高木
樹高：3～5m／**開花**：6～7月／**結実**：10月（食用）

街路樹でもよく見られ、育てやすく、花も実も食用になります。葉の表の緑と裏のグレーのコントラストが個性的で、メインツリーとしても、サブツリーとして他の樹木とも合わせやすい木。

栽培管理のポイント

枝が広がって伸びる性質なので、広い場所でおおらかに育てるか、鉢植えや植え枡《ます》など限られた場所で刈り込んで育てます。日向向きで、日陰だと徒長します。水やりが足りないと葉が落ちたり葉の成長が悪くなるので注意。

オリーブ

科名：モクセイ科／**性質**：常緑中高木／**樹高**：3～7m
開花：5～6月／**結実**：10月（食用）

地中海沿岸地方原産。品種も多く、シルバーリーフ、グリーンリーフと葉の色によって景観の印象が変わります。メインツリー、目隠し、生垣としてもさまざまな用途に適応します。

栽培管理のポイント

耐寒性・耐暑性、乾燥に強く強健ですが、オリーブゾウムシやテッポウムシに注意。自然樹形に育てるとオリーブらしさが出ますが、刈り込みにも強いので、スペースに合わせて剪定が可能です。2品種を近くに植えると結実しやすくなります。

ロドレイア

科名：マンサク科／**性質**：常緑中高木／**樹高**：3～7m
開花：3月／**結実**：5月

中国南部原産の常緑樹。シャクナゲモドキとも呼ばれ、シャクナゲに似た真っ赤な花を早春に咲かせます。赤みを帯びた葉脈や、幹の色も存在感があり魅力的です。最近は希少ですが、樹高が低いタイプの品種も流通しています。

栽培管理のポイント

日向、半日陰で生育が可能。横に広がり、大きく育つと魅力が増すので、広いスペースのメインツリーに。葉も大きく、落葉もそれほど気にならず、手入れが簡単です。

アカシア

科名：マメ科／**性質**：常緑中高木／**樹高**：4～10m
開花：2～5月／**結実**：10月

ブルーグレーの葉に黄色い花のコントラストが人気。ギンヨウアカシア、フサアカシアなど品種が豊富で、葉の形も三角葉や細葉など、個性的な品種があります。一般的にミモザと呼ばれることもあります。

栽培管理のポイント

幹がやわらかく、葉が茂るため、大きくなるにつれて適度な剪定と風除けの支柱などの工夫が必要。日当たりのよい場所を好み、日照不足になるとカイガラムシが発生することもあるので注意。

ティーツリー

科名:フトモモ科／**性質**:常緑中高木
樹高:3〜15m／**開花**:2〜7月（品種によって異なる）

オーストラリア、ニュージーランド原産のティーツリーは、メラレウカ属とレプトスペルマム属に分類され、属名で流通しているものもあります。さまざまな品種があり、それぞれ葉色は多彩で、花は個性的。

栽培管理のポイント

日当たりがよく、水はけのよい場所を好みます。夏の日照りの際にはしっかり水やりを。成長がやや早く、刈り込みにも強いので、毎年5〜7月に剪定して樹高を抑え、樹勢をコントロールするとよいでしょう。

サルスベリ

科名:ミソハギ科／**性質**:落葉中高木
樹高:3〜9m／**開花**:7〜9月／**結実**:9〜11月

幹は淡褐色で所々白っぽく、うねるように曲がります。花は白、または桃、紅色で小花が集まって咲きます。花期が長いことから「百日紅」と呼ばれます。

栽培管理のポイント

春から伸びた枝の先端に6月下旬頃から花芽がつくられ、その年に開花します。大きくなる木なので、小さいうちから樹形を整えながら剪定するとよいでしょう。うどんこ病が発生したら薬剤散布し、病葉は落とし焼却します。

ヤタイヤシ

科名:ヤシ科／**性質**:常緑中高木／**樹高**:5〜20m
開花:5〜7月／**結実**:9〜10月（食用）

南米、北米西部原産のヤシ。ブルーグリーンの葉が大きく広がり、オレンジ色の実が垂れ下がります。実は食用できます。ヤタイヤシ同属のブラジルヤシと合わせて“ココスヤシ”と呼ぶこともあります。

栽培管理のポイント

成長が遅く、耐寒性があるので、日本でも庭木として栽培可能。成長にともなって下のほうの葉が茶色く枯れてくるので、葉のつけ根から剪定します。水切れには注意しましょう。

イチゴノキ

科名:ツツジ科／**性質**:常緑中木／**樹高**:2〜5m
開花:11〜12月／**結実**:11〜2月

南ヨーロッパ原産の常緑樹で葉がよく茂り、花と実が同時に楽しめます。幹肌が荒々しく横にどっしりとした樹形で、成長が遅いですが、大きくなるとメインンツリーとしても貫禄が出ます。白花と赤花があります。

栽培管理のポイント

乾燥を嫌うので、半日陰が適所。日当たりがよい場所に植えた場合は、しっかりと水やりを。剪定は枝抜き剪定で風通しと日当たりをよくする程度にし、自然樹形で整えます。

アキグミ

科名:グミ科/**性質**:半常緑中高木/**樹高**:2〜5m
開花:5〜6月/**結実**:9〜10月

銀葉の'シルバーヘッジ'をはじめ、さまざまな園芸品種があります。光沢のある葉は庭でも目立ち、他の木の葉とコントラストが生まれます。景観になじみやすいので他の植栽とも合わせやすく、メインツリーにもサブツリーにも、目隠しにも使えます。

栽培管理のポイント

冬の落葉を防ぐには、寒冷地では寒さ除けをします。剪定は1年に1回程度、成長の範囲を決めて主幹を剪定し、ひこばえや胴吹きは適度に取り除きます。

コルジリネ

科名:キジカクシ科/**性質**:常緑中高木/**樹高**:0.5〜10m
開花:5月

観葉植物としても親しまれ、耐寒性のある品種は庭木としてドライガーデンで用いられます。

栽培管理のポイント

斑入り種は耐寒性が低く、アカインチ、アオインチと呼ばれるオーストラリス種、アオドラセナと呼ばれるストリクタ種は関東以西では春に植えつければ越冬可能。のびのびと育ち、春から初夏に剪定すると脇芽が出ます。日当たりを好み、日照不足や風通し不足でカイガラムシが発生するので注意。

ミツバハマゴウ・プルプレア

科名:クマツヅラ科/**性質**:半常緑中木/**樹高**:1〜3m
開花:7〜9月/**結実**:9月

葉色は表が紫がかった緑、裏は紫色で特徴的。やわらかい印象の藤紫色の花も魅力的です。日当たりのよい場所で育てると生育がよく、葉色もより美しくなります。

栽培管理のポイント

九州南部や東南アジアやオーストラリアに分布。やや寒さに弱いですが、関東以西では越冬可能です。春に植えつけをし、霜が予想される場合は寒冷紗などで防寒しましょう。夏の水切れには注意を。

レモン

科名:ミカン科/**性質**:半常緑中高木/**樹高**:2〜5m
開花:5〜10月/**結実**:5〜12月(食用)

四季咲きの性質がありますが、5月頃の開花が多く、12月頃に実を収穫できます。柑橘類の中では縦に育つ樹形で、枝にはトゲがあります。花や葉にも香りがあります。

栽培管理のポイント

日当たりのよい場所を好み、やや乾燥気味に育てると実つきがよくなります。5月頃にアゲハチョウの幼虫などに葉を食害されることがあるので注意。日照不足で過湿気味になると、カイガラムシが発生します。

ベニバスモモ

科名：バラ科／**性質**：落葉中高木／**樹高**：3～8m
開花：3～5月／**結実**：5～7月

新芽から落葉まで葉が赤紫色なので、カラーリーフとして緑とのコントラストを楽しめます。春に咲く、桜に似た淡いピンク色の愛らしい花も魅力。

栽培管理のポイント
縦に真っ直ぐ伸びやすいので、花の位置が見えるように花後に主幹剪定して高さを抑え、小枝は切り戻して分岐させ枝数花数を増やしましょう。

サブの木に向いているもの

サブの木の役目は、メインの木を引き立て、空間全体のバランスをとること。空間の演出を助ける印象的な木を選びましょう。メインの木が常緑樹ならサブの木は落葉樹にするなど、コントラストをつけるのもコツのひとつです。スペースによっては、目線を遮る目隠しの役目も果たします。

クロモジ

科名：クスノキ科／**性質**：落葉低木／**樹高**：1～6m
開花：3～4月／**結実**：9～10月

独特な香りに魔除けや殺菌効果があるとされ、古くから楊枝などに用いられます。春に先駆け芽吹きと同時に開花。冬芽の姿も美しく、楚々としています。

栽培管理のポイント
自然樹形で整いやすいので、込んだ枝やひこばえを剪定する程度に。夏の直射日光に当たりすぎると葉焼けするので、紅葉も楽しむなら半日陰に植えます。

ユスラウメ

科名：バラ科／**性質**：落葉中高木／**樹高**：2～4m
開花：4月／**結実**：6月（食用）

中国原産で葉が出ると同時に花が咲き始め、赤く色づく実は熟すと食用となります。幹肌も特徴的で、成長が遅く大きくなりすぎないため、庭木として使いやすい木です。

栽培管理のポイント
枝が広がるように伸びるのが特徴で、自然樹形で育てるとユスラウメらしさが出ます。明るい木陰で育てると、花、実、紅葉を楽しめます。

マルバノキ

科名：マンサク科／**性質**：落葉中木／**樹高**：2～4m
開花：10～11月／**結実**：9～10月

山野の谷間などに自生し、細い枝につく10cm程のハート形の葉は新緑も秋の紅葉も魅力的。星形の小さな花を咲かせます。

栽培管理のポイント
夏の直射日光で葉焼けするので半日陰が適所。枝が広がれる場所に植えると、魅力を発揮します。強剪定は枯れの原因となるので、自然樹形を生かし、間引く程度の剪定にとどめるように。

オトコヨウゾメ

科名：レンプクソウ科／**性質**：落葉低木
樹高：1～2m／**開花**：5～6月／**結実**：9～10月

山野の日当たりのよい場所に自生し、庭木としても人気。赤い軸に咲く小さな白い花と秋の赤い実、紅葉が見事で、サブツリーとして他の植栽を引き立てます。

栽培管理のポイント
自然樹形で整いやすいので栽培は容易です。夏の直射日光で葉焼けしやすく、水切れで枯れることもあるため、日照りの際は水やりを忘れずに。

ビバーナム・ダビディ

科名：レンプクソウ科／性質：常緑低木
樹高：0.5〜1m／開花：4〜5月／結実：9〜10月

ビバーナム・ティヌスは地中海原産ですが、ダビディは中国原産。ティヌスと比べて花は楚々とし、枝が横に広がりよく茂ります。葉がらが赤く、葉に縦線が入るのも特徴的。

栽培管理のポイント

自然樹形で整いやすく、管理が容易。風通しが悪いと初夏に害虫がつくので、枝透かし剪定で古枝を取り除きます。

ビバーナム・ティヌス（常緑ガマズミ）

科名：レンプクソウ科／性質：常緑低木
樹高：1〜2m／開花：4〜5月／結実：9〜10月

濃い緑の葉に映える赤みを帯びたつぼみや愛らしい花、青い実と多彩な魅力があります。

栽培管理のポイント

暑さ寒さに強く、ある程度の耐陰性もありますが、日照不足だと花つきが悪くなります。開花後6月中に剪定で風通しよく。樹高を抑えるには主幹を剪定します。日照不足や蒸れで害虫がついたら早めに薬剤散布を。

コロキア

科名：ミズキ科／性質：半常緑低木
樹高：1〜2m／開花：6〜7月／結実：8〜9月

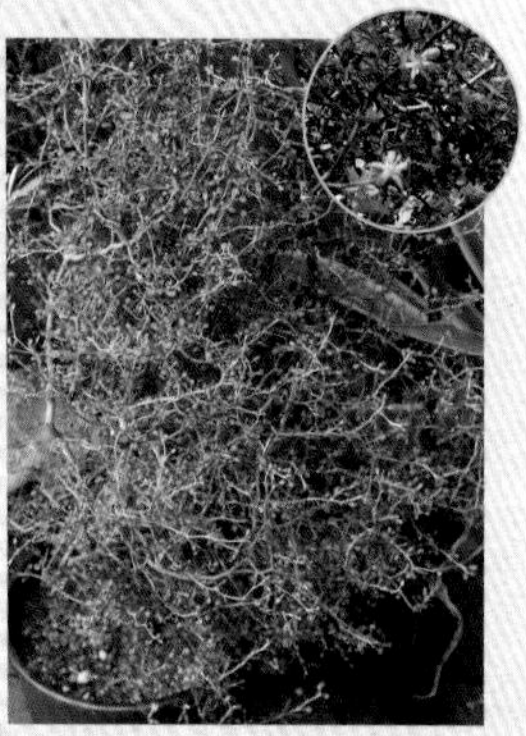

ニュージーランド原産の個性的な低木。緑から赤、黄色に変化する細かい葉と曲がった枝が特徴的で、初夏の花や秋の実、紅葉が楽しめます。ドライガーデンにもよく合います。

栽培管理のポイント

耐暑性・耐寒性があり、ある程度の乾燥にも耐え丈夫。剪定も容易で、樹冠から出た不要枝を剪定する程度でまとまります。

ヒメユズリハ

ユズリハ科／性質：常緑中高木／樹高：3〜10m
開花：4〜6月／結実：12〜1月

3〜5月に新芽に譲るように古い葉が落ちることからこの名が。「代々譲る」に通じる縁起のよい木として親しまれています。温暖な地域の海岸沿いに生育し、葉の形や赤い軸が特徴的。

栽培管理のポイント

やや寒さに弱いので、東北以西で栽培可能。剪定の手間もそれほど必要なく、病害虫もつきづらく丈夫です。

マートル（ギンバイカ）

科名：フトモモ科／性質：常緑低木／樹高：0.5〜3m
開花：5〜6月／結実：9〜10月（食用）

葉に芳香がありハーブとして親しまれています。強健で刈り込みに強く、生垣や目隠しとしても活躍します。晩秋は赤みを帯びた葉に黒い実が映えます。

栽培管理のポイント

日当たりのよい場所を好み、旺盛に生育するので、高さを制限する際は主幹を剪定し、刈り込みます。やや寒さに弱く、斑入り種はとくに霜除けや雪除けを。

カラタネオガタマ

科名：モクレン科／性質：常緑中高木
樹高：3〜5m／開花：4〜6月／結実：10〜11月

中国南部原産。クリーム色で内側がほんのり紅色の花はバナナのような甘い香りがします。

栽培管理のポイント

よく茂り、自然樹形でも整いやすく、花後6月までに徒長枝と込み合った枝を剪定すると翌年も花を楽しめます。日当たりや風通しが悪いとカイガラムシが発生するので、枝抜き剪定で樹勢を整え、風通しよく育てます。

季節感を強調できる木

花や香り、実、紅葉などで季節感を強く感じさせてくれる木は、たとえば「ヒュウガミズキが咲いたからもうすぐ春」「キンモクセイが香ったから秋の到来」など、季節の移ろいを鮮やかに表現してくれます。四季を追って楽しめるように木を選ぶと、庭の表情が豊かになります。

春に花が咲く木

サンシュユ

科名：ミズキ科／**性質**：落葉中高木／**樹高**：3～15m
開花：3～4月／**結実**：10～11月

朝鮮半島、中国原産。日本名は「春黄金花」と呼ばれ、春に小さな黄金色の花で覆われます。

栽培管理のポイント

広い場所で大らかにも、剪定してコンパクトにも楽しめます。小さく仕立てる場合は3月頃主幹を主枝の出ている部分で切り詰め、主枝を1～3本仕立てにします。剪定は6月までに済ませると、翌年も花が楽しめます。

ヒュウガミズキ／トサミズキ

科名：マンサク科／**性質**：落葉低木／**樹高**：ヒュウガミズキ1～2m、トサミズキ1～4m／**開花**：3～4月／**結実**：8～10月

早春の芽出し前に、淡い黄色の花が穂のように7～8輪下がります。ハート形の葉のやわらかい色合いも、庭で引き立ちます。

栽培管理のポイント

日当たり、風通しのよい場所を好みます。横張りの樹形で、トサミズキは花がやや大きく枝数が少なく、ヒュウガミズキは花が小さく細かい枝が密につきます。放任しても自然樹形に整いやすい木。

シャリンバイの仲間

科名：バラ科／**性質**：常緑低木／**樹高**：1～4m
開花：5月／**結実**：10～12月

春に梅のような花をたくさんつけます。シャリンバイ、マルバシャリンバイは照りのある葉に黒い実も印象的。ヒメシャリンバイは新芽の赤い葉が特徴。

栽培管理のポイント

自然樹形で整いやすく、刈り込みも容易。生垣や目隠しにも重宝します。風通しが悪いと害虫が発生するので、蒸れに注意し、込み合った枝葉は剪定を。

ブルーベリー

科名：ツツジ科／**性質**：落葉低木／**樹高**：1～3m
開花：4～6月／**結実**：7～9月（食用）

家庭で楽しめる果樹として人気で、紅葉も魅力。ハイブッシュ系は冷涼地向き、ラビットアイ系は暖地向き。ハイブッシュ系は特に酸性土壌を好みます。

栽培管理のポイント

日当たりを好み、同じ系統を2品種以上植えると実つきがよくなります。植えつけ3年くらいは株を大きくするよう剪定で木をつくり、実を楽しむのはその後にしましょう。

ビルベリー

科名：ツツジ科／**性質**：落葉低木／**樹高**：0.5～1m
開花：4～5月／**結実**：6～8月（食用）

野生ブルーベリーの一種で北ヨーロッパ原産。ブルーベリーより樹高が低く、細かい葉や赤みを帯びた枝、うねるような樹形は庭のポイントに。実は栄養価が高く、ジャムやジュースで楽しめます。

栽培管理のポイント

日当たりのよい場所を好みます。結実する夏の間の、水やりはしっかりとしましょう。

シロヤマブキ

科名：バラ科／性質：落葉低木／樹高：0.5～2m
開花：4～5月／結実：8月

本州の中国地方の山地に自生する、一属一種の植物です。4弁の白い可憐な花と、艶のある黒い実が特徴。黄色のヤマブキとは別の種類で、ヤマブキと違い枝はやや太くなり、直立します。

栽培管理のポイント

耐寒性・耐暑性に優れ、明るい木陰で花や実を楽しめます。自然な樹形が美しい木なので、剪定は間引く程度にしましょう。

クサボケ

科名：バラ科／性質：落葉低木／樹高：0.3～1m
開花：3～5月／結実：7～8月（食用）

関東以西の山野に自生しています。春の朱色の花と秋の3cm程の実、トゲのある幹につく小さな葉が野趣に富み、石組みや小スペースでも存在感を発揮します。園芸品種のボケには、クリーム色、ピンク、ピンク～朱色の咲き分けなどの花色があります。

栽培管理のポイント

日当たりのよい場所を好み、丈夫で栽培も容易。

コデマリ

科名：バラ科／性質：落葉低木／樹高：1～2m
開花：4～5月／結実：10月

小花が集まって咲く姿が可憐で、やや小型のオーレアや斑入り葉もあります。枝が弓状にしなうので、ある程度スペースが必要です。

栽培管理のポイント

新枝に花がつくので、花後に花枝と徒長枝、各枝の枝先を剪定すると、やわらかい樹形に。株が古くなり花つきが悪くなった場合、花後に地際から5cmを目安に刈り取ると新しい枝に更新できます。

ヤマブキ

科名：バラ科／性質：落葉低木／樹高：1～2m
開花：4～5月／結実：9月

日本原産種で、しなやかに弧を描く枝と鮮やかな黄色い花が好まれる人気の庭木。八重咲きの品種も華やかです。

栽培管理のポイント

やや湿った明るい場所を好みます。風情を生かすため枝先は切らず、花後に伸びすぎた枝や乱れた樹形を整える程度にし、4～5年に一度20cmくらい残して刈り込み、株を若返らせます。

ミツマタ

科名：ジンチョウゲ科／性質：落葉低木／樹高：1～2m
開花：3～4月／結実：9～10月

春、葉が出る前に甘い香りのする黄色や朱色の花が咲きます。枝が3本に分かれて伸びることからこの名が。中国原産で日本に渡来した後、和紙の原料として栽培されるようになりました。

栽培管理のポイント

やや横に張るので、樹形を生かせるスペースで自然樹形に。伸びすぎた枝は間引き剪定で整えましょう。

ウグイスカグラ

科名：スイカズラ科／性質：落葉低木
樹高：1.5～3m／開花：4～5月／結実：6月（食用）

北海道、本州、四国の山野に自生する落葉低木。鶯が鳴く頃に枝先に下向きの花が咲くのでこの名が。冬芽の枝が、お正月の茶花になります。白花で黄実の品種もあります。

栽培管理のポイント

日当たりがよい場所を好み、栽培は容易。落葉後に極端に暴れる枝を剪定する程度にし、自然樹形で育てます。

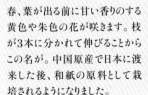

ツツジ

科名：ツツジ科／性質：落葉低木＊
樹高：1～2m＊／開花：4～6月＊
＊品種によって異なる

春の訪れを感じさせてくれ、さまざまな品種があります。自然樹形が整いやすく、窓から見える場所に群生させたり、緑の中のポイントとしても使えます。葉にかすり模様が入ったり、花つきが悪い場合は害虫駆除を。

シロヤシオツツジ
野趣のある幹肌と純白の花の対比も魅力。古木は5～6mになりますが、成長は数十年を要します。

クロフネツツジ
ピンク色の大輪の花を咲かせ、「ツツジの女王」と呼ばれています。半日陰で風通しのよい場所が適所。

ゲンカイツツジ
自生地は玄海灘に接する乾燥気味の岩場で、日向を好みます。耐寒性・耐暑性があります。

レンゲツツジ
芽吹きとほぼ同時に、オレンジ色の花を咲かせます。キレンゲツツジもあります。

ヒカゲツツジ
常緑のツツジで、淡い黄花が、沢照らしとも呼ばれます。日向でも育つ強健品種。

カルミア

科名：ツツジ科／性質：常緑低木／樹高：1～3m
開花：5月／結実：10～11月

こんぺいとうのような花が特徴で、さまざまな園芸品種があります。幹はまっすぐに育ち、葉は枝の先端に集まってつきます。

栽培管理のポイント
枝数を増やすには、花後6月までに花のつかなかった枝や分岐点で小さいほうの枝を残して剪定を。6月中旬までに花がらを摘み、11月頃花芽を3分の1程度に減らすと樹勢が落ちません。

アセビ

科名：ツツジ科／性質：常緑低木／樹高：0.5～8m
開花：3～5月／結実：9～10月

釣り鐘状の小花が房になって垂れて咲きます。秋頃からつぼみが見えるのも特徴。山野に自生しますが、白～紅花の園芸品種があります。成長はゆっくりです。

栽培管理のポイント
自然樹形で整いやすいので、花が終わったら徒長枝を切り、胴吹き枝は枝元から取り除きます。実をつけると花つきが悪くなるので、花がらを摘むように。

ジンチョウゲ

科名：ジンチョウゲ科／性質：常緑低木
樹高：0.6～1.5m／開花：3～4月

早春に咲く花は香りが特徴的で、庭木として親しまれています。白花と赤花があります。斑入り葉の品種もあります。

栽培管理のポイント
特に剪定をしなくても低くまとまり育てやすいので、花後に長く伸びた枝や込み合った枝を剪定する程度にし、全体のバランスを整えましょう。強剪定すると弱るので注意。

シキミア（ミヤマシキミ）

科名：ミカン科／性質：常緑低木／樹高：0.5～1m
開花：3～5月／結実：10～11月

寒さに強い常緑低木。つぼみが10月頃からつき、春先の開花まで楽しめます。園芸品種も多く、斑入り種などは葉色も美しいのでカラーリーフとしても用いられます。

栽培管理のポイント
半日陰が適所。耐寒性・耐暑性があり、自然樹形で整いやすい木です。過湿にならないよう、乾燥気味で育てるように。

初夏～夏に花が咲く木

ノリウツギ

科名:アジサイ科／**性質**:落葉低木／**樹高**:1～3m
開花:7～9月／**結実**:10月

円錐状の花序の形から、ピラミッドアジサイとも呼ばれます。開花期はアジサイより遅く、新梢咲きで、剪定は冬までにすませればよいため、秋まで花の色の移り変わりを楽しめます。

栽培管理のポイント
半日陰向き。耐寒性・耐暑性に優れ、丈夫です。樹形を小さくしたいときには、地際から2～3節残して切ります。

シモツケ

科名:バラ科／**性質**:落葉低木／**樹高**:0.5～1m
開花:5～6月

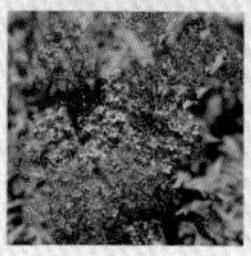

下野（栃木県）で最初に発見されたのが名前の由来。花期が長く、1株で2色咲く源平シモツケや白花、紅花、葉色も黄金葉や斑入りなどさまざまです。

栽培管理のポイント
耐寒性・耐暑性に優れ丈夫な低木。放任しても樹形がまとまりますが、大きさを一定にするには1年おきくらいに刈り込みます。

ヒメウツギ／サラサウツギ

科名:アジサイ科／**性質**:落葉低木
樹高:ヒメウツギ0.3～1.5m、サラサウツギ0.3～2m
開花:4～5月／**結実**:5～10月

ヒメウツギは小型の匍《ほ》匐《ふく》性のウツギ。サラサウツギは八重咲きで、花弁の外側がピンク、内側が白になります。

栽培管理のポイント
強健で栽培が容易。剪定は7月までに終え、自然樹形を生かすとウツギらしさが出ます。花は2年目の枝からつきます。徒長枝は半分くらい、古枝も枝元から剪定。

ヤマアジサイ

科名:アジサイ科／**性質**:落葉低木／**樹高**:0.6～2m
開花:6～7月

半日陰の湿り気のある林や沢沿いに育つので、「沢紫陽花」と呼ばれます。葉はガクアジサイに比べて薄く、先端は尖り気味。

栽培管理のポイント
半日陰を好みます。花つきをよくするためには7月上旬までに花がらを摘み、今年伸びた緑の茎の芽を3～5個残し剪定。数年に一度、落葉期に強剪定すると小さく仕立てられます。

コバノズイナ

科名:ズイナ科／**性質**:落葉低木／**樹高**:0.5～1.5m
開花:5～6月／**結実**:9月

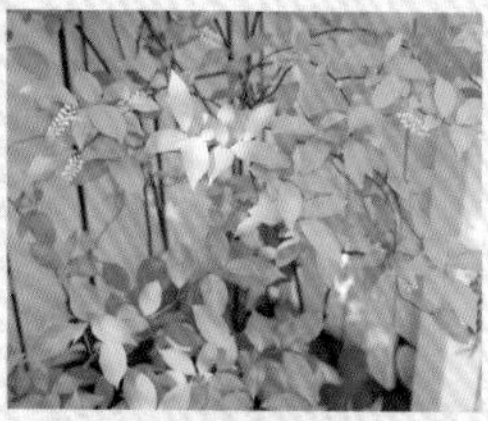

赤みを帯びた枝と新緑の対比の美しさ、初夏に咲く房状の白い小花、秋の紅葉と、四季それぞれに美しい低木。中高木の足元に添えて植えると、野山の雰囲気を演出できます。

栽培管理のポイント
強健で自然樹形が整いやすく、手がかかりません。株元から枝がたくさん出るので、徒長枝やひこばえが多い場合は間引きします。

アナベル

科名:アジサイ科／**性質**:落葉低木／**樹高**:1～2m
開花:6～7月

初夏に20～30cmの大きな純白の装飾花が咲きます。緑のつぼみ、白の花、再び緑になる色の変化も魅力。紅色のピンクアナベルもあります。

栽培管理のポイント
半日陰向き。春に伸びた枝に花芽がつくので、冬までのどの時期でも剪定できます。強健で育てやすいですが、風通しが悪いとうどんこ病が発生するので注意。

ニオイバンマツリ

科名:ナス科／**性質**:半常緑低木／**樹高**:1～3m
開花:6～8月

熱帯アメリカ原産。花色は紫から白に変化し、同時期に同じ木に2色咲き華やか。花は夜にとくに強く香ります。

栽培管理のポイント
栽培は容易で強健ですが、やや寒さに弱いので暖かい場所を選んで植え、寒冷地では冬は寒さ除けを。生育旺盛のため、花後に枝透かし剪定、徒長枝、不要枝を剪定すると樹形が整います。

ライラック（リラ）

科名:モクセイ科／**性質**:落葉中高木／**樹高**:2～5m
開花:4～6月

ヨーロッパ原産。春に甘い香りを放つ上品な紫～白の花を咲かせます。

栽培管理のポイント
耐寒性はありますが暑さにやや弱く、午前中に日の当たる風通しのよい場所が適所。接ぎ木苗が流通しており、植えつけ後に接ぎ木している部分が隠れるように土を小山状に寄せると、自根が出て接ぎ木の成長がよくなります。

キンシバイ／ビヨウヤナギ

科名:オトギリソウ科／**性質**:半常緑低木
樹高:0.5～1m／**開花**:6～7月／**結実**:8月～9月

どちらもヒペリカムの仲間。キンシバイは花がやや小さく弓なりに枝を伸ばし、ビヨウヤナギは花びらが細く、突き出た雄しべが特徴。ヒペリカム‘ヒドコート’はキンシバイの園芸種。

栽培管理のポイント
生育も旺盛でとても丈夫。キンシバイは花後に枝を整理しながら形を整え、ビヨウヤナギは軽く刈り込む程度で整います。

カリステモン（ブラシノキ）

科名:フトモモ科／**性質**:常緑中高木／**樹高**:2～4m
開花:5～7月／**結実**:7月～10月

オーストラリア原産で、棒状のブラシに似た個性的な花が人気。金宝樹とも呼ばれます。花色は紅色、クリームイエローなど。奔放に伸びる枝を生かしても、刈り込んでも魅力的です。

栽培管理のポイント
耐寒性、耐暑性があり、病害虫にも強く強健です。成長が早いので、1年に一度は剪定をすると樹勢が整います。

タイサンボク

科名:モクレン科／**性質**:常緑中高木
樹高:4～20m（リトルジェム3～5m）／**開花**:5～6月／**結実**:10～11月

北米原産。大きく可憐な花と、表は光沢があり裏は毛で覆われた錆《さび》色の葉が特徴的。花の強い芳香も親しまれます。矮性種の‘リトルジェム’は、小スペースでも植えやすい品種です。

栽培管理のポイント
日当たりのよい場所で旺盛に生育し、手入れも容易。樹形は卵形にまとまりやすいですが、大きくなりすぎないよう毎年花後に剪定を。

クチナシ／ヒメクチナシ

科名:アカネ科／**性質**:常緑低木／**樹高**:1～2m
開花:6～7月／**結実**:11月～2月

初夏に純白の強い芳香を放つ花を咲かせ、秋には染料や漢方薬として使われるオレンジ色の実をつけます。熟しても裂開しないので「クチナシ」の名が。

栽培管理のポイント
刈り込みに強いので、生垣にも使われます。アブラムシ等の害虫がつくこともあり、葉が落ちる場合は薬剤等で駆除するように。剪定は花後に行います。

クリスマスホーリー（セイヨウヒイラギ）

科名：モチノキ科／性質：常緑低木
樹高：0.6～5m／開花：4～5月／結実：10月

初夏に白い小さな花を咲かせ、晩秋には赤い実がたわわに実ります。生垣や鉢植えにも向いており、愛らしい常緑樹として人気。ドライフラワーとしてリースの材料にも使えます。

栽培管理のポイント

強健で育てやすく、日当たり、風通しがよい場所が向いています。成長はゆっくりなので、秋に徒長枝を切る程度でまとまります。

秋～冬を彩る花・葉色・実

ノボタン

科名：ノボタン科／性質：半常緑中木／樹高：1～5m
開花：8～12月

'シコンノボタン'や'コートダジュール'の他、ピンクや白花品種もあります。日当たりのよい場所に植えると、秋遅くまで花を楽しめます。

栽培管理のポイント

水の吸い上げがとてもよく、夏期はとくに水切れに注意。幹が細くなりがちなので自立できるように、剪定で分岐を増やしバランスを保ちましょう。

ハギ

マメ科／性質：落葉低木／樹高：1～2m／開花：6～10月
結実：10月

秋の七草にも数えられ、枝垂れるように伸びた枝に白、桃色、紅紫色の多数の花をつけます。

栽培管理のポイント

土地を選ばずによく花を咲かせますが、夏の高温期の水切れに注意。大株に育つと見事ですが、コンパクトに仕立てるには落葉期に根元近くまで刈り込みます。5月までに再度切り戻すと、小さく収まり花も楽しめます。

キンモクセイ／ギンモクセイ

科名：モクセイ科／性質：常緑中高木／樹高：3～10m
開花：9月

秋に芳香の強いオレンジ色の小さな花が咲き、香りと花の可憐さで庭木として親しまれています。紅花品種や白花のギンモクセイも人気です。

栽培管理のポイント

刈り込みに強いので、生垣にも広く用いられます。生育が旺盛のため、花後に刈り込んで剪定し、風通しをよくしましょう。害虫がついた場合は薬剤散布を。

コムラサキ

科名：シソ科／性質：落葉低木／樹高：1～2m
開花：6～7月／結実：10～11月

弓なりの枝に紫色の小さな実を無数につけ、葉が落ちた後も庭を彩ります。白い実のシロシキブや、幹が立ち上がり太くなるムラサキシキブなどもあります。

栽培管理のポイント

開帳型を生かせるスペースでおおらかに育てると魅力を発揮。強健ですが、強剪定は強い枝が出て、花や実つきが悪くなるので、切り替え剪定がおすすめです。

ツバキ

科名：ツバキ科／性質：常緑中高木／樹高：2～10m
開花：11～4月／結実：10月

冬から早春にかけて美しい花を咲かせ、庭木や茶花として古くから親しまれています。品種も多く流通し、花色も白～赤、黄色などさまざまです。

栽培管理のポイント

耐陰性もあり、育てやすい常緑樹。4～9月に発生するチャドクガの幼虫は、人害もあるので早期発見を。葉の裏につくので、見つけたら薬剤散布をします。

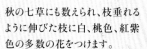

ウスノキ

科名：ツツジ科／性質：落葉低木／樹高：0.5～1.5m
開花：4～6月／結実：9月（食用）

山野に自生し、紅葉がひときわ美しい木。花は釣り鐘状で、緑白色に紅が入り可憐です。熟すると赤くなる実は酸味があり食べられます。果実の形を臼に見立てこの名がつきました。

栽培管理のポイント

自然樹形で整いやすく、栽培も容易で育てやすい木です。半日陰～明るい場所で花や紅葉を楽しめます。

ニシキギ

科名：ニシキギ科／性質：落葉低木／樹高：1～3m
開花：5～6月／結実：10～11月

枝にヒレのようなコルク質の突起が見られるのが特徴。秋に熟してはじける実と真っ赤な紅葉、独特な枝が秋冬の庭を彩ります。

栽培管理のポイント

紅葉を楽しむには日当たりのよい場所が適所。日照や風通しが不足すると、病害虫が発生することも。自然樹形でまとまりやすいですが、枝透かし剪定をして不要枝を取り除くとよいでしょう。

アロニア（セイヨウカマツカ）

科名：バラ科／性質：落葉低木
樹高：0.8～1.5m／開花：4～5月
結実：10～11月（食用）

北アメリカ原産。春にはかわいらしい小さな花、秋には赤黒い実、紅葉と、年間を通して楽しめます。収穫した果実はジャムなどにして食用できます。

栽培管理のポイント

耐寒性・耐暑性に優れ、成長も遅く樹形も整いやすいので剪定も容易です。実を楽しみたい場合は、夏の水切れに注意しましょう。

ニワナナカマド

科名：バラ科／性質：落葉中木／樹高：2～3m
開花：6～7月

日本各地の山野に自生しているホザキナナカマドの園芸品種。かわいらしい小花は夏以降も断続的に開花することもあります。やわらかい葉の表情も魅力です。

栽培管理のポイント

花後に剪定すると夏以降にまた花をつけます。伸びすぎた枝を剪定するくらいで、手がかかりません。夏の直射日光の当たらない木陰が美しい葉を保つ適所。

ハクサンボク

科名：レンプクソウ科／性質：半常緑中木
樹高：1～3m／開花：4～5月／結実：10～11月

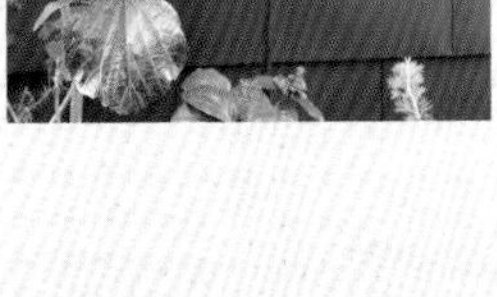

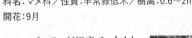

大きめの照り葉は、常緑ですが秋にはつややかに紅葉します。初夏の白い花や秋の赤い実が季節を彩り、高木と合わせて自然な趣の庭に用いると映えます。

栽培管理のポイント

病害虫に強く栽培は容易。やや寒さに弱いので、寒冷地では霜除けを。放任でも樹形がまとまりますが、内側の細い枝は整理しましょう。

ソフォラ'リトルベイビー'

科名：マメ科／性質：半常緑低木／樹高：0.6～2m
開花：9月

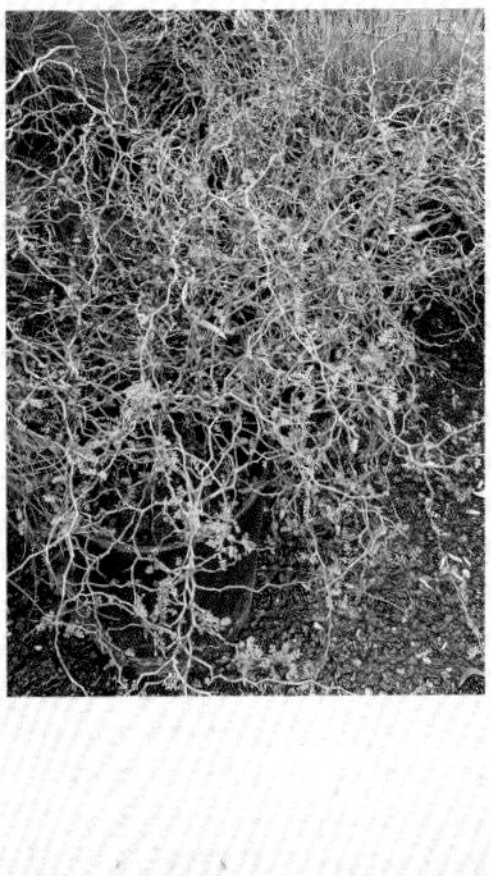

ニュージーランド原産で、丸く小さな葉と細くうねる枝は個性的で、さまざまなテイストの庭のポイントに。大株になると咲くオレンジ色の花も魅力です。

栽培管理のポイント

日当たりと風通しのよい場所が適所。自然樹形で整いやすく、成長が緩やかで剪定の必要はほとんどありません。夏の高温期は水切れに注意。

カラーリーフとして使える木

黄金葉（オーレア）、銅葉、銀葉（シルバーリーフ）など、葉色に特徴がある木を集めました。カラーリーフとして、空間の表情を豊かにするのに役立ちます。花が美しい木は、季節感も魅力。常緑品種は、冬も美しい葉が庭を彩ってくれます。

トキワマンサク

科名：マンサク科／性質：常緑中木／樹高：2〜10m
開花：5月

ベニバナトキワマンサクは銅葉、シロバナトキワマンサクは黄金葉。常緑で刈り込みに耐えるので生垣にも使われます。一斉に咲く花も見応えがあります。

栽培管理のポイント

栽培は容易。幹が上に伸びながらやや曲がるのが特徴で、自然樹形で仕立てると魅力的です。7月頃伸びた枝の短枝に花芽がつくので、剪定は花後に。

ドドナエア

科名：ムクロジ科／性質：常緑中木
樹高：1〜3m／開花：4月／結実：6月

オーストラリア原産。品種により葉色も多様で、とくに秋〜冬に色が変化します。初夏の小花や実も個性的。鉢植えで刈り込んで仕立てても存在感があります。

栽培管理のポイント

丈夫で育てやすく、日当たりがよい場所が適所。若木のうちはとくに成長が早いので、年に数回剪定して樹勢を抑え、枝数を増やすと見ごたえがあります。

アメリカハナズオウ

科名：マメ科／性質：落葉中高木／樹高：2〜6m
開花：4月／結実：9〜10月

早春に枝を覆うように花が咲き、花後にハート形の葉が芽吹きます。'フォレストパンシー'、'シルバークラウド'、'ハートオブゴールド'と葉色も豊富。

栽培管理のポイント

横張り型なので、スペースが広い場所に植えると魅力を生かせます。風の強い場所や夏の直射日光は葉焼けの原因となるので、植える場所を考慮しましょう。

グレビレア

科名：ヤマモガシ科／性質：常緑低木〜中高木
樹高：2〜20m／開花：6〜7月／結実：10〜11月

オーストラリア原産で多くの品種が流通します。花は赤、黄、黄橙色などで個性的な形をしています。大きくなる中高木から、匍《ほ》匐《ふく》性や低木と品種が豊富で葉色も葉形もさまざまです。

栽培管理のポイント

耐寒性・耐暑性に優れ、病害虫の被害も少なく育てやすい木。年に数回剪定し、コンパクトに仕立てると樹形がまとまります。

アメリカテマリシモツケ

科名：バラ科／性質：落葉低木／樹高：1〜2m
開花：5〜6月／結実：6月

オランダ原産の園芸品種。銅葉の'ディアボロ'や黄金葉の'ルテウス'が人気。初夏にコデマリに似た花を咲かせます。

栽培管理のポイント

花つきがよく、栽培は容易。花後に旺盛に茂るので、自然樹形を生かしながらやや刈り込むと整います。寒さにやや弱いので寒冷地では霜に当たらない場所に植えましょう。

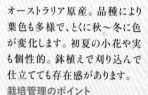

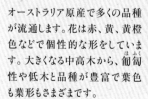

メギ

科名：メギ科／**性質**：落葉低木／**樹高**：0.8〜2m
開花：4〜5月

山野に自生していますが、庭木としても園芸品種が多く、銅葉や黄金葉など葉色が美しい品種は、冬の景色の中でひときわ目立ちます。枝に無数のトゲを持ち、「コトリトマラズ」とも呼ばれます。

栽培管理のポイント

刈り込んで仕立てることもできますが、弓なりに垂れる枝を生かして自然樹形に仕立てると風情があります。

ウエストリンギア

科名：シソ科／**性質**：常緑低木／**樹高**：0.4〜1m
開花：四季咲き性

花や葉がローズマリーに似ていることから、オーストラリアンローズマリーの名も。多様な葉色の品種が流通しています。

栽培管理のポイント

病害虫被害も少なく、栽培は容易。細根の吸水がよいので、鉢植えは余裕ある大きさで。庭植えは放任でよく育ち、年に数回樹冠から出た枝を剪定すると樹形がまとまります。

プリペット（セイヨウイボタノキ）

科名：モクセイ科／**性質**：半常緑低木／**樹高**：1〜3m
開花：5〜6月

細かい枝を密につけ、初夏に清楚な花を咲かせます。斑入り種のシルバープリペットや黄金葉の‘レモンアンドライム’など、洋風の明るい印象の庭に似合います。

栽培管理のポイント

強健で栽培は容易。やや寒さに弱いので、冬期に落葉することもあります。初夏に虫食い葉が出たら、早期に薬剤散布をしましょう。刈り込んで生垣にも使えます。

アデナンサス

科名：ヤマモガシ科／**性質**：常緑低木／**樹高**：1〜5m
開花：6月

オーストラリア原産。細かい葉がついた幹は上や横にうねるように自由に伸び、1株あるだけで個性的な庭になります。

栽培管理のポイント

旺盛に生育するので、春頃にそれぞれの枝を半分程残して剪定し、分岐を促すと葉が茂りまとまります。やや寒さに弱いので、冬期の強剪定は避けるように。根が細かいので水切れに注意。

ユッカ

科名：キジカクシ科／**性質**：常緑低木〜中高木
樹高：1〜10m／**開花**：6〜7月

耐暑性に優れており、寒さに強い品種は庭植えでも楽しめます。‘デスメティアーナ’は気温が下がってくると葉が紫色を帯び、秋色のドライガーデンになります。また耐陰性・耐寒性があり、成長が遅いので、初心者にも育てやすい品種です。

栽培管理のポイント

日当たりがよく、乾燥した土壌を好みます。

アベリア

科名：スイカズラ科／**性質**：常緑低木
樹高：0.5〜1.5m／**開花**：5〜10月

別名ハナツクバネウツギ。品種が豊富で、寒さで紅葉する品種もあります。丈夫で育てやすく、可愛い花が長期間咲きます。

栽培管理のポイント

スペースがある場合は自然樹形を生かしながら仕立て、コンパクトに育てる場合は刈り込んで生垣などにも使えます。風通しや日当たりが悪いと害虫がつくこともあるので注意。

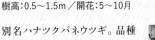

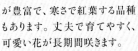

Ⅱ ゼロから庭をつくる

新築の家の庭を例にとり、ゼロからの庭づくりをご紹介。中高木、低木合わせて9本の木と下草で構成した庭です。木の選び方や植え方を参考にしてください。

STEP 1 条件に合わせたプランニングを

芝生と植栽のエリア分け

庭をつくる際に考えたいのがエリア分け。この例では日が当たる部分は芝生のエリアに。植栽はリビングルームから見て正面にあたるフェンスとテラスの間に限定しています。シンボルツリーのオリーブは、階段の窓から見える位置に決めました。

目隠しと明るさを優先

庭に面した隣には家が建つ予定なので、明るい印象になるようアメリカハナズオウをメインの木に。隣地の景観を和らげるように、いずれ大きくなる常緑エゴノキと紅葉が美しいナツハゼをサブの木として加えました。冬も寂しくないよう、中低木は常緑樹を多めにしています。

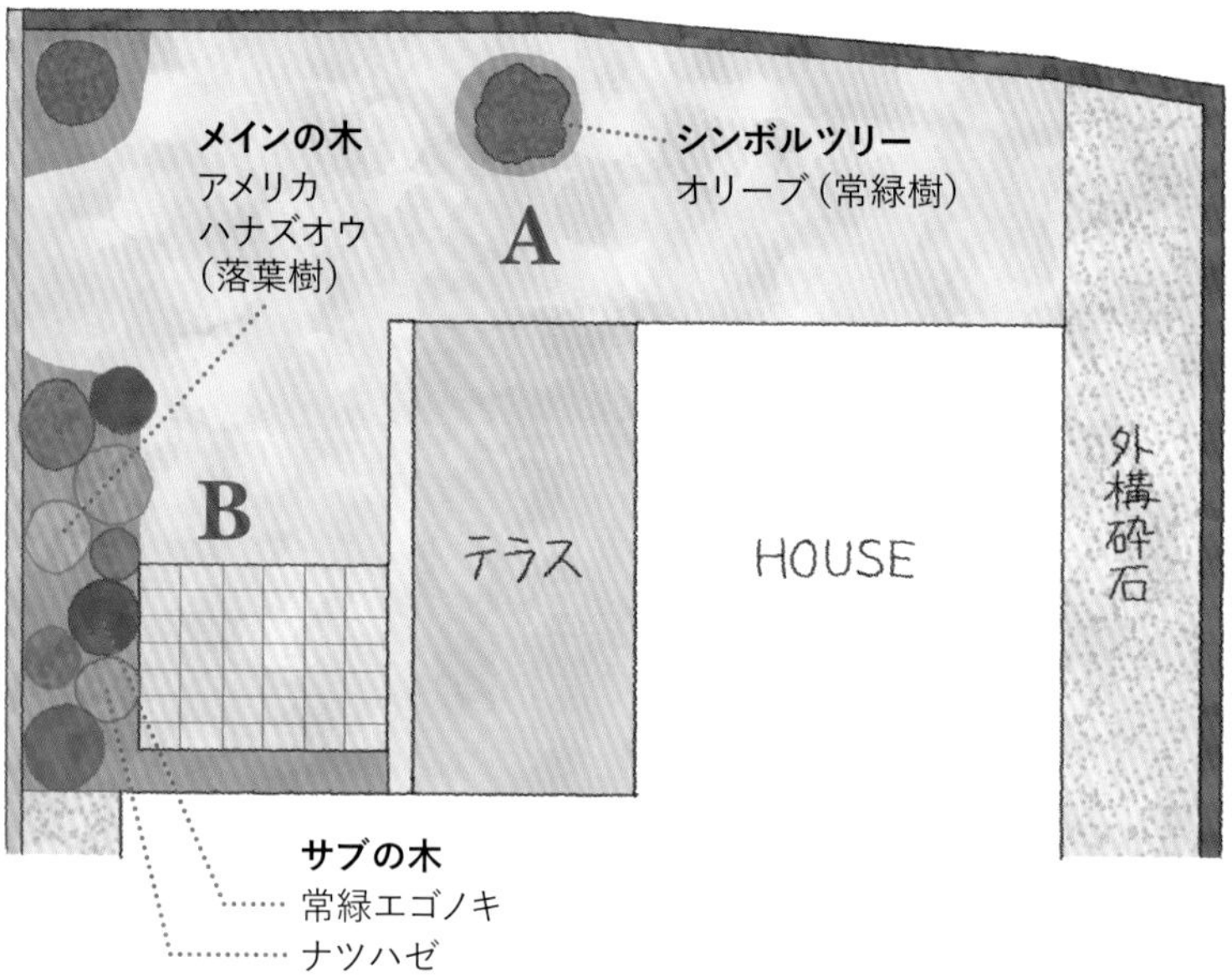

準備
1. 草むしりをすませ、小石やガラを取り除く。
2. よく耕した後、地盤面を決め勾配を整え、整地をする。

STEP 2

樹木や下草の苗を購入

樹形が仕立てられた苗を

苗木を購入する際、小さい苗だと仕立てにかなり技術を要するので、ある程度樹形ができたものを買うと安心です。実際に樹形を確かめ、自分のイメージに近いものを選びましょう。

葉艶と根の状態を確認

葉の艶を確かめて購入するのがおすすめです。ビニールポットの苗の場合は根の状態がわかりやすいので、外から軽く触り、細かい根がしっかり張っているものを選ぶようにしましょう。

購入した苗

メインやサブになる落葉樹

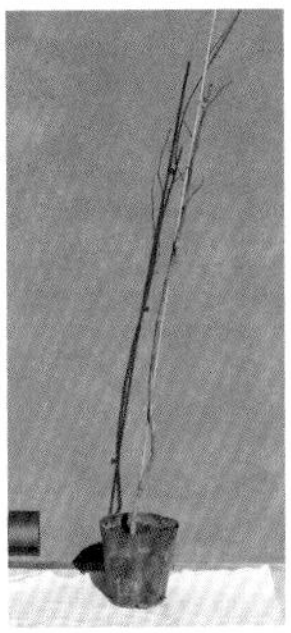

アメリカハナズオウ 'シルバークラウド'

ナツハゼ

メインやサブになる常緑樹

常緑エゴノキ

オリーブ

常緑・半常緑の中低木

プリベット 'レモンアンドライム'

ビバーナム・ダビディ

マートル

ヒメシャリンバイ

落葉の低木

セイヨウイワナンテン

下草

アジュガ

クリスマスローズ

リグラリア

アガパンサス（矮性種）

ベロニカ 'オックスフォードブルー'

ラミウム

苗の種類

プラ鉢苗

鉢カバーを用意し、しばらくの間鉢植えとしても楽しめます。根が回りすぎている場合は植え替えを。

根巻き苗

畑から掘り上げ土ごと麻布と荒縄で包んだ苗。細かい根を守る役割もあるので、麻布ごと植えます。

不織布

不織布を使った通気性のよいポット。植えつけの際は、ポットを外します。

ビニールポット

低木や多年草の苗はこのタイプが主流。購入したらなるべく早く植え替えるように。

STEP 3

木を植える（Aエリア）

木の高さを決める

木を植える場所は、あらかじめ雑草やガラを取り除き、堆肥や腐葉土をすき込み、排水性・保水性・通気性のよい土にしておきます。植える際は深植えにならないよう、苗木の地際と地面の高さを合わせます。

木の正面を決める

幹がまっすぐに見える向きに植えると、くせがなく毎日見ていても飽きがきません。特徴のある枝や幹を見せて木の個性を生かす方法もあります。また、木は太陽のほうに大きく成長することもあるので、枝の向きを考え、造作物とのバランスを考慮して正面を決めます。

植える苗木
オリーブ

植え方

1 深さ、直径とも鉢の大きさよりひとまわり大きい穴を掘る。

2 ポットから苗木を抜き、穴に入れてみて穴の大きさを確認。

3 根が回っている場合は、下のほうにハサミを入れ、軽くほぐす。

4 肩の部分の土を軽く落とし、地際の雑草を抜く。

5 穴に苗木を置いて、正面を決める。

6 深植えにならないよう高さを調節し、穴の隙間に土を戻す。

7 地際の高さや地面より低すぎたり高すぎたりしないか再確認。

8 根鉢からひとまわり大きい土手をつくる。

9 土手の内側に水を入れ、根全体に水が回るようにする。

10 水が引くと土が下がってくるので、その部分に土を足す。

11 再度土手の内側に水を入れ、繰り返し根に水をやる。

12 再度土を足す。このとき、土中に隙間がないよう棒で軽く突く方法もある。

13 軽く揺すって土と水分の密着を確認する。

14 土手を崩し、整地する。

Point

●水切れの心配がある植物や乾燥する時期は、植えつけ時の土手を残しておいてもかまいません。

●根を大きく切った場合はとくに、切った根と同じ量の枝葉を剪定します。

15 枝ぶりを見て、伸びすぎている枝は切る。

植えつけ終了

この苗木は高さ2m程度で根がしっかりしていたので、支柱は立てていません。根が育っていない苗木や2m以上の木で、風が吹き抜ける場所の場合は、支柱を立てておきます。

STEP 4

樹木や下草を植える（Bエリア）

ポットごと並べて位置決め

植える木や下草をまずはポットごと並べて、位置を決めます。成長後を考慮して、株間を十分あけて余裕をもって配置しましょう。常緑樹と落葉植物の花期を考え、バランスよく配置することも大事です。

葉色が違う植物を並べる

低木や下草は、木の陰になりやすいので日照や風通しなどを考慮し、環境に合った植物を。隣り合う植物の葉色や葉形にコントラストがつくように、リズムよく配置するのがコツです。植える際は深植えにならないようにし、植えつけ後はたっぷり水をやりましょう。

離れたところから眺めてみる

ポットごと並べ、離れたところから眺めてバランスを確認しましょう。この例ではアルミのフェンスが建てられる予定だったので、構造物を和らげるため大きく育てたい木の間に低木や下草を入れました。

ビニールポットから苗を出しにくい場合

ビニールポットや不織布のポットで、ポットから苗を出しにくいときは、ハサミで切って出します。出しにくいということは根が回っている証拠でもあるので、根鉢の外側に詰まった根がある場合は、軽く根をほぐしてから植えましょう。

1 ポットにハサミを入れて、切っていく。

2 根鉢からポットをはがす。根がすっかり回っている状態。

3 底に十字と縦に4カ所ほどハサミを入れて、根を軽くほぐす。
※夏と冬はハサミを入れない。

植えつけ直後〔11月〕

植えつけ直後はちょっと寂しく感じるかもしれませんが、
植えつけ時の株間はこのくらいまばらが適正です。
この後、泥はねしないようスレート（砕石砂利）を敷きました。
植えつけ後2カ月くらいは、水やりをしっかりと（P168参照）。

8カ月後〔翌年7月〕

植えたときは細い幹だけだったアメリカハナズオウも
元気にたくさん葉を出しています。
ラミウムやアジュガなどの下草もかなり広がりました。
オリーブは、そろそろ剪定が必要です（P150参照）。

III 既存の庭のリメイク

庭をリメイクする際は、環境に合う植物の命を大切にし、もともとあった木をできるだけ生かしたいものです。上手に植物を植え足せば、イメージが一新します。

イメージを固める

以前の庭にどんな問題点があったのかを整理。環境条件を考慮したうえで、どのようなイメージの空間に変身させたいのか、方向性を固めます。フェンスやパーゴラなどを見直し、場合によっては構造物の一部を効果的にリメイクする可能性も探りましょう。

植物をチェック

リメイクする際は新たなイメージに合わせて、もともとある植物をどう生かすかがポイント。成長して込んでしまった管理しにくい植栽を整理し、追加する植物を決めます。

植え足す植物を決める

イメージに合わせて植え足す植物を決めます。印象を明るくしたい場合は落葉樹を、中高木ばかりなら低木を加えたうえで、下草を考えます。

CASE 1

庭は南国風、アプローチは明るく

建築時は南仏風だった庭が経年で寂しい雰囲気に。
またアプローチは薄暗く殺風景なのが問題点。
半日陰はリーフ類で、庭はローメンテナンスの植物でリメイクしました。

玄関まわりをイメージ一新

アプローチは薄暗く、室外機も目立っていました。また、玄関まわりは構造物のみの状態。常緑樹は剪定して日が入るようにして、半日陰でも育つリーフ類で土面を隠し、玄関まわりはシダと敷石でイメージを変えました。

モチノキの下の土があらわになっていた部分に、常緑のビバーナム・ハリアナム、カルミア、マートル、多年草のクリスマスローズ、ベロニカ'オックスフォードブルー'などを。

隣地との間の細長いエリア。半日陰向きのタマシダ、マホニア・コンフューサ、セイヨウイワナンテンを植え、アクセントにもなる土留めの石を配置。

半円花壇を多肉植物とリーフで

2段になった半円花壇の上段は多肉植物、下段はハーブ類を中心に構成。写真はカモミールの開花時期ですが、花がない季節も葉だけでも十分華やかで、手入れが楽です。

上段は細かい葉のセダム類や、存在感のあるセンペルビウム、縁にはグリーンネックレスなどの多肉植物を。下段はブラックミント、カモミール、イタリアンパセリ、ワイルドストロベリーなどのハーブ類を中心に、アクセントに銅葉のヒューケラ。

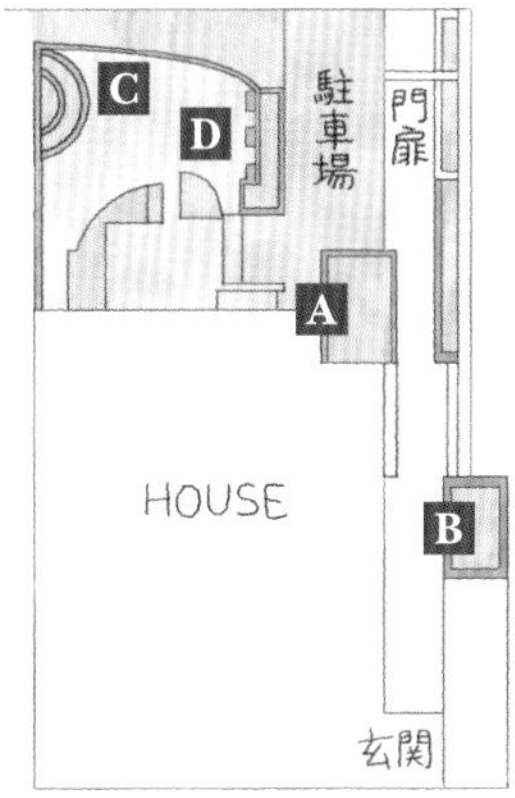

華やかな花木とリーフで空間づくり

レイズドベッド部分には、ニオイバンマツリ、グレビレアなど、華やかな花を咲かせる南国風の低木を新たに植えました。石を敷いたパティオの植栽部分は、葉色の明るい多年草を。

奥のレイズドベッドは、紫と白の花が美しく香りがよいニオイバンマツリ、オーストラリアンプランツで花が目立つセルリアなど。
手前のスペースは、紫の花を咲かせるラミウム・マクラツム‘ビーコンシルバー’、銀葉でピンクの花穂をつけるラムズイヤー、銅葉のベロニカ‘オックスフォードブルー’など。

CASE 2

低木を追加して華やかに

中高木は落葉樹中心で、木の足元がやや殺風景なのが問題点。茶花として飾れる植物を意識し、低木を多めに植え足し、さまざまな葉色のリーフ類で華やかさを補いました。

中高木のまわりに低木を

常緑樹のグレープフルーツと日向夏があるコーナーは、足元が寂しい状態だったので、低木を加えてシックながら華やかに。季節の茶花を摘める庭をコンセプトに、追加する低木と下草を選びました。

植え足した低木は、ビバーナム・ティヌス、アメジストセージなど。黄金葉のシモツケ、銅葉のメギ、銀葉のウエストリンギアがアクセントに。縁にはスズラン、フウチソウなどを植えている。

もともとフェンスの外にあった銀葉のアカシアは生かして空間を構成。もともとあったラベンダーに合わせて、その右手（写真からは外れた部分）に黄金葉のシモツケやメギ、細葉のウエストリンギアなど明るい葉色の低木を植えている。

デッドスペースを蘇らせる

駐車場と隣家の間のエリアはデッドスペースとなっていました。フェンスの外側にあった常緑ヤマボウシとカシワバアジサイを生かし、低木で厚みを出し、内側に斑入り葉が美しいアメリカハナズオウ‘シルバークラウド’を植え、明るさのあるコーナーに生まれ変わりました。

カラーリーフで木を引き立てる

敷地の入り口には株立ちのシラカバがあり、白い幹と引き立て合うよう、リーフ類のボリュームを増やしました。常緑ヤマボウシのみで、常緑低木がなかったのでビバーナム・ティヌス、ローズマリーやクリスマスローズなどでエントランスを華やかに。

シラカバの足元には、斑入りツワブキ、斑入りヤブラン、フッキソウ、ローズマリーなど常緑のリーフ類をたっぷりと。冬も足元が寂しくならない。

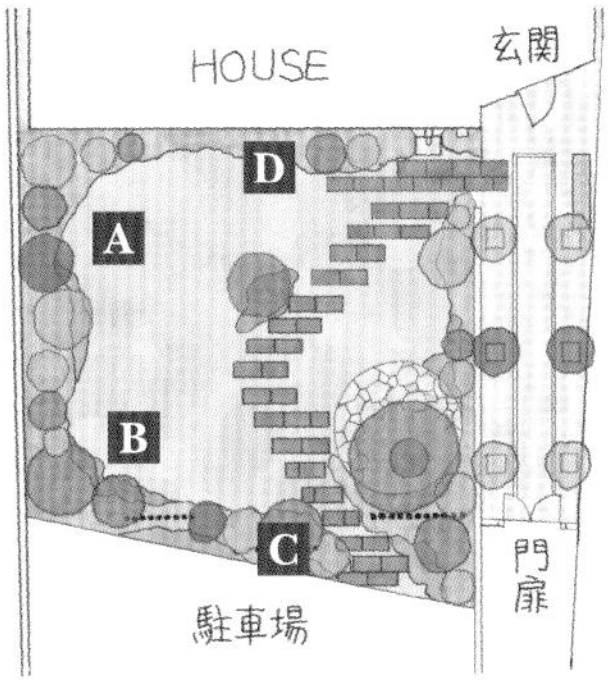

シマトネリコの足元には、アガパンサスが咲き、上品な華やかさを演出。ナツツバキが同時期に咲くので白と薄紫の対比が美しい。

パーゴラをつくり風景を変える

家屋沿いのナツツバキのエリアに、窓の目隠しを兼ねて新たにパーゴラを設置。もともとあった物置はパーゴラと同じ色に塗り替えました。シマトネリコの右側にはナニワイバラを新たに植えてパーゴラに誘引することで、芝生エリアを取り囲むメリハリのあるツリーガーデンが完成。

図鑑

おすすめの下草

ツリーガーデンの下草として使いやすい
低木や多年草を集めました。
いずれも木と引き立て合い、庭の表情を
豊かにしてくれる植物です。

カラーリーフとして使える低木や下草

黄金葉、斑入り、銅葉など、葉色が美しい低木や下草は、ツリーガーデンのアクセントとして欠かせません。花がなくても、カラーリーフと樹木の組み合わせで庭が華やかになります。また、葉色とともに葉形の違いも合わせて考えると、より複雑なニュアンスを演出できます。

【アイコンの説明】

日向向き

半日陰向き（明るい木陰向き）

少ない日照でも育つ

セイヨウイワナンテン（ルコテー）

科名：ツツジ科／**性質**：常緑低木
樹高：0.3～1m（品種によって異なる）／**開花**：4～6月

日陰に強く丈夫で葉色が美しいものから、斑入り種などさまざまな園芸品種があります。紅葉、新芽の色など葉色の変化も魅力。自然に整いながら茂りますが、大きくなりすぎたら適度に葉を残し、刈り込んで樹高調整を。

ブルンネラ

科名：ムラサキ科／**性質**：落葉多年草
草丈：30～40㎝／**開花**：4～5月

わすれな草のような青い小花をふんわり咲かせます。‘ジャックフロスト’や‘キングスランサム’はシルバーリーフに葉脈がはっきり出て、葉が美しい品種。葉焼けを避けるため、直射日光を避けた半日陰が適所です。

フウチソウ

科名：イネ科／**性質**：落葉多年草
草丈：20～40㎝／**開花**：8～9月

葉の表面が裏を向くことから「裏葉草」の名も。夏頃に穂をつけ、秋になると葉が紅葉します。直射日光で葉先が焼けるため、夏の直射日光の当たらない明るい場所が適所。晩秋に立ち枯れたら、根元から刈り込みます。

コプロスマ

科名：アカネ科／**性質**：常緑低木／**樹高**：0.3～2m
開花：6～7月

ニュージーランド原産で、葉色は赤系統のものや濃い紫、明るい斑入り、オレンジ色などさまざま。艶やかな葉と個性的なカラーリーフは、庭の中でも際立ちます。日当たりのよい場所に植えれば、栽培は容易です。

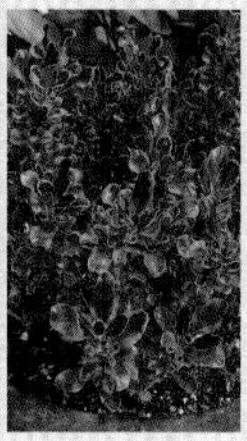

ロニセラ・ニティダ

科名：スイカズラ科／**性質**：常緑多年草
草丈：10～20㎝／**開花**：6～7月

ロニセラの中でも匍《ほ》匐《ふく》性がありグラウンドカバー向きの品種。細かい葉が密に生え、明るい葉色で日陰のスペースを明るくします。霜に当たると紅葉も見られます。乾燥に強く病害虫に強いので、植える場所を選びません。

グレコマ

科名:シソ科／**性質**:半常緑多年草／**草丈**:3～10㎝
開花:4～5月

地面を這って垣根をくぐりぬけることから「垣通し」の名も。明るい日陰を好み、春から秋まで旺盛に生育し、各節から根や芽が出て広がっていきます。冬にやや生育が止まり、寒冷地では地上部は枯れて休眠します。

ロータス'ブリムストーン'

科名:マメ科／**性質**:半常緑亜低木／**樹高**:30～70㎝
開花:4～10月

淡黄色の新芽と毛で覆われたやわらかい花、シルバーグリーンの小さな葉が庭を明るく彩ります。生育がよく花期も長く、栽培も容易です。梅雨時か初秋頃に剪定してコンパクトにすると、木姿がよくなります。

ディコンドラ

科名:ヒルガオ科／**性質**:半常緑多年草
草丈:3～10㎝／**開花**:4～5月

ハート形の葉が地を這い、とても丈夫。緑葉のミクランサ種は湿り気のある場所を好み、シルバー葉のアルゲンテア種は日当たりのよいやや乾燥気味の場所を好みます。寒冷地では冬に地上部が枯れます。

ルブス

科名:バラ科／**性質**:半常緑低木
樹高:15～30㎝／**開花**:5月／**結実**:6～7月

黄金葉や斑入り葉の品種があり、丈夫でよく増えグラウンドカバー向き。ルブス・カリシノイデスはトキワイチゴと呼ばれ、秋に美しく紅葉し、冬も葉が残り、日照が少ない場所でも旺盛に生育します。

ティアレア

科名:ユキノシタ科／**性質**:常緑多年草
草丈:10～15㎝／**開花**:4～6月

切れ込みのある葉が特徴で、淡いピンク色の細かい花が立ち上がって咲きます。洋風和風問わず、他の植栽となじみやすい植物。直射日光では葉が焼けることがあるので、半日陰～日陰が向いています。

アジュガ

科名:シソ科／**性質**:常緑多年草／**草丈**:5～20㎝
開花:6～7月

品種が豊富で、グラウンドカバーとしてシェードガーデンのポイントとなります。やや湿り気のある場所を好み、子株のついたランナーを旺盛に伸ばします。初夏に咲く紫がかった美しい花も見どころです。

カレックス

科名:カヤツリグサ科／**性質**:常緑多年草
草丈:0.4～1m／**開花**:4～6月

世界で2,000種あるといわれており、風になびく細い葉は色彩も豊富で、下草として広く親しまれています。丈夫で耐暑性・耐寒性・耐陰性もありますが、明るく風通しのよい場所が好み。過湿に注意して育てます。

ベロニカ'オックスフォードブルー'

科名:オオバコ科／**性質**:半常緑多年草
草丈:10～15㎝／**開花**:3～5月

匍《ほ》匐《ふく》性のベロニカ。青い花が次々と咲き、秋から冬は銅葉になりひときわ目を引きます。日当たりのよい場所を好み、日照不足の場合は花つきが悪くなります。春先に一度切り戻すと新芽がきれいに出て草姿が整います。

タイム

科名:シソ科／**性質**:常緑低木／**樹高**:5～30cm
開花:4～6月

多くの品種が流通し、葉色も斑入り、黄金葉などいろいろ。匍《ほ》匐《ふく》性のクリーピングタイムもあります。日照不足や水不足が苦手ですが、環境が整えば放任でもよく茂ります。春先に半分ほど切り戻すと新緑を楽しめます。

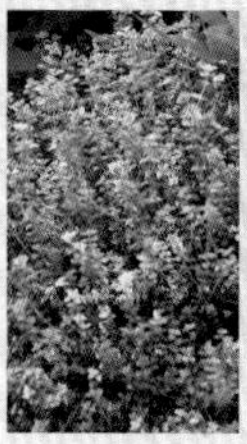

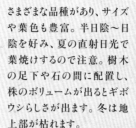

ユーフォルビア

科名:トウダイグサ科／**性質**:半常緑多年草／**草丈**:0.5～1m
開花:4～7月

個性的な草姿と葉色、花（苞《ほう》）が特徴的。銅葉、斑入り、銀葉など、さまざまな葉色の品種があります。日当たりのよい場所を好み、夏に葉が弱るので一度地際から切り戻すと、新芽をカラーリーフとして楽しめます。

ギボウシ（ホスタ）

科名:キジカクシ科／**性質**:落葉多年草
草丈:20～50cm／**開花**:6～8月

さまざまな品種があり、サイズや葉色も豊富。半日陰～日陰を好み、夏の直射日光で葉焼けするので注意。樹木の足下や石の間に配置し、株のボリュームが出るとギボウシらしさが出ます。冬は地上部が枯れます。

アサギリソウ

科名:キク科／**性質**:常緑多年草／**草丈**:20～30cm
開花:8～9月

北陸や東北地方の岩場に見られるヨモギの一種で、白い毛に覆われた銀色がかった繊細な葉が特徴。日照を好み、やや乾燥に強く、高温多湿が苦手です。よく伸びるので、春先に切り戻しで姿を整えます。

エゴポディウム

科名:セリ科／**性質**:落葉多年草／**草丈**:20～30cm
開花:6～7月

ライトグリーンにクリーム色の斑が入る品種。さわやかな印象で、ナチュラルガーデンの半日陰も明るく彩ってくれておすすめです。ほとんど手がかからず、生育旺盛でよく増えます。冬に地上部は枯れて休眠します。

セダム

科名:ベンケイソウ科／**性質**:常緑多年草／**草丈**:5～30cm
開花:8～9月、5～7月、11～2月（品種により異なる）

日向向きのグラウンドカバーとして用いられる多肉植物。丈夫で、少ない土でもよく育ちます。葉色も多彩で、葉が繊細なものやぷっくりしたものなど品種が豊富。複数の品種を混ぜて植えると華やかになります。

ロマンドラ‘タニカ’

科名:キジカクシ科／**性質**:常緑多年草
草丈:50cm前後／**開花**:5月

オーストラリア原産。乾燥に強く、やや日照不足でも生育し、とても強健で、管理が困難な場所でも植えられます。年間を通して、細くて長い美しい葉を楽しめ、春先に古葉を切り戻す程度で、ほとんど手がかかりません。

明るい木陰で花が咲く低木・下草

木の下や日照が十分ではない場所でも、花を咲かせてくれる植物を集めました。木漏れ日を浴びて咲く様子は、野趣があり可憐。ナチュラルな庭やアプローチ沿いなどにもおすすめです。

イカリソウ

科名：メギ科／**性質**：落葉多年草
草丈：30～50cm／**開花**：4～5月

イカリのような形の楚々とした花を咲かせる山野草で、明るい日陰を好みます。水切れのないように育てると、群生して林床の趣を演出できます。園芸品種も豊富で、花色も淡いピンクから濃い紅色までさまざまです。

シュンラン

科名：ラン科／**性質**：常緑多年草
草丈：10～30cm／**開花**：3～4月

ランの中でも庭植え可能な貴重な種。春に黄緑から黄色の透明感のある花を咲かせ、庭の下草として気品にあふれています。直射日光の当たらない明るい日陰に植えると、花のない時期でも艶のある葉が下草となります。

クリスマスローズ

科名：キンポウゲ科／**性質**：常緑多年草／**草丈**：10～50cm
開花：1～3月／**結実**：3～4月

クリスマスローズは、ヘレボルス属の総称。強健で育てやすく、冬の花の少ない時期に長期間にわたりたくさん花を咲かせます。開花から種ができるまで、花の色の変化も楽しみ。ただし種を多くつけると株が弱るので、多少花がらを切り、花後にはお礼肥を。

ヒマラヤユキノシタ

科名：ユキノシタ科／**性質**：常緑多年草
草丈：20～40cm／**開花**：2～4月

早春にピンク色の花を咲かせるヒマラヤ原産のユキノシタ。最近は多花性で花が大きい品種もあります。耐寒性があり、厚みのある大きな葉は冬も楽しめます。夏の直射日光を避けた半日陰が適所。

アブチロン

科名：アオイ科／**性質**：常緑低木
樹高：0.8～1.5m／**開花**：4～11月

うつむき加減に咲く花が長期間楽しめる、中南米から熱帯アジア原産の木立性とつる性の植物。熱帯植物の中でも耐寒性があるので、0℃を下回らなければ戸外で越冬できます。病害虫の被害が少なく、栽培は容易です。

ハナニラ

科名：ネギ科／**性質**：球根植物
草丈：15～25cm／**開花**：3～5月

すくっと立った花茎に星形の花が咲き、春の訪れを感じさせます。丈夫で半日陰でも花つきがよく、植え放しでもよく増えます。群生させるとかわいいので、増やすつもりで場所を選ぶのもおすすめです。夏に落葉して休眠します。

キョウガノコ

科名：バラ科／**性質**：落葉多年草
草丈：60～80cm／**開花**：5～6月

古くから観賞用に栽培され、深い切れ込みのある大きな葉と、立ち上がって咲く花穂の対比が魅力。紅色の他、白花の品種もあります。半日陰を好み、栽培も容易で強健。夏の高温を避けた、涼しい場所が適所です。

ヒメツバキ‘エリナ’

科名：ツバキ科／**性質**：常緑低木
樹高：0.8～1m／**開花**：5月

中国の野生種を改良した園芸品種。初夏にうつむいた桃色の可憐な花をつけます。常緑樹ですが、晩秋には葉が赤く色づき目を引きます。半日陰から日向まで適応し、強健で育てやすく病害虫の被害もあまりありません。

アガパンサス

科名：ムラサキクンシラン科／**性質**：落葉多年草
草丈：0.5～1.5m／**開花**：5～7月／**結実**：8月

梅雨の時期に清涼感ある青紫や白い花を咲かせ、存在感も抜群。明るい木陰～日当たりのよい場所向きです。太い根を張り乾燥に強く、毎年よく花が咲きます。狭いスペースに植えるなら、矮性種がおすすめ。

オダマキ

科名：キンポウゲ科／**性質**：落葉多年草／**草丈**：30～50cm
開花：6～7月／**結実**：9～10月

北半球の温帯に分布し、特徴的な形の花を咲かせる多年草。園芸品種も多く、花色も白、ピンク、紫、黄色、バイカラー（2色咲き）など豊富です。生育旺盛で手入れが容易。花後、種が飛び、自然に増えていきます。

ナルコユリ／アマドコロ

科名：キジカクシ科／**性質**：落葉多年草／**草丈**：30～50cm
開花：6月／**結実**：9～10月

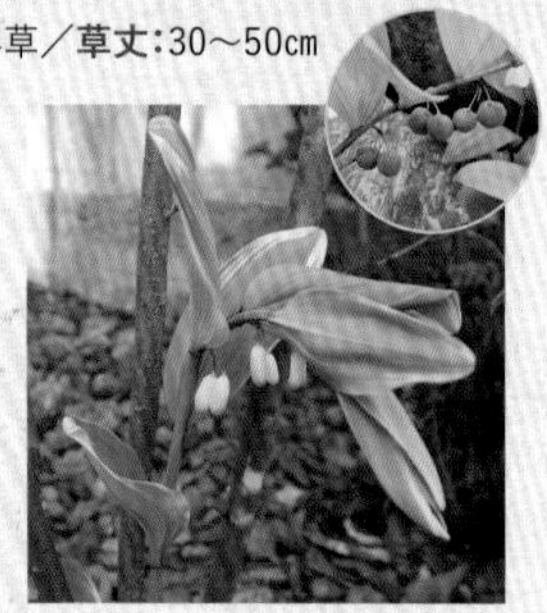

羽のような葉と、葉のつけ根からぶら下がる花、黒い実が特徴。独特の姿は、一年を通して下草のポイントとなります。アマドコロやホウチャクソウなどの小型で似ている野草があります。ナルコユリは園芸品種も多く強健。

クガイソウ

科名：オオバコ科／**性質**：落葉多年草／**草丈**：0.8～2m
開花：7～8月／**結実**：10月

車輪のように輪生する葉が9段にもなることから、この名がつきました。楚々とした薄紫色の花穂が、野草らしい風情を演出。風通しがよく明るい場所で水切れに注意して育てると、地下茎を伸ばしてよく増えます。

ヒメリュウキンカ

科名：キンポウゲ科／**性質**：落葉多年草／**草丈**：10～20cm
開花：6～7月

湿地に生える多年草。艶のある白や黄色の小花をたくさん咲かせます。半日陰の風通しよい場所で水切れしないように育てると、よく増えます。夏に休眠し、秋が深まる頃に芽を出し冬の間も芽を伸ばします。

アスチルベ／ショウマ

科名：ユキノシタ科／**性質**：落葉多年草／**草丈**：20～80cm
開花：5～7月

ヨーロッパ原産で、日本の山野に自生しているチダケサシの仲間。すくっと立ち上がった花枝に細かい花が房となって咲き、シェードガーデンをやわらかく彩ります。花色は白～紅色で、銅葉の品種もあります。

オミナエシ

科名:オミナエシ科／**性質**:落葉多年草／**草丈**:0.6～1m
開花:7～10月

秋の七草のひとつ。黄色い小花が集まって咲く姿は秋の訪れを感じさせてくれます。半日陰でも育ちますが、日当たりのよい場所に植えると花つきがよくなります。冬に地上部が枯れたら地際で切り戻します。

アカンサス・モリス

科名:キツネノマゴ科／**性質**:落葉多年草／**草丈**:0.8～1.5m
開花:6～9月

切れ込みのある深い緑色の大きな葉から花茎がすっくと立ち、花の存在感が抜群。半日陰から明るい場所で花が楽しめます。花の後、夏に落葉して休眠します。土地を選ばず強健で育てやすく人気があります。

ホトトギス

科名:ユリ科／**性質**:落葉多年草
草丈:0.5～1m／**開花**:8～10月

山野に自生し、中秋頃にホトトギスの胸の斑に似た斑点を持つ花を咲かせます。紫の花の他、白花の品種もあります。茎は弓なりになり、野の草らしい風情が。栽培も容易で、明るい日陰に植えると毎年花を楽しめます。

ツルバキア

科名:ネギ科／**性質**:球根植物
草丈:30～40㎝／**開花**:四季咲き

放射状にピンクの星形の花を咲かせ、すらっとした姿が印象的。開花期が長く、日照の少ない場所や乾燥にも耐える強健で丈夫な下草です。下葉が蒸れるので、日照不足の場合はとくに過湿に注意しましょう。

シュウメイギク（キブネギク）

科名:キンポウゲ科／**性質**:落葉多年草
草丈:0.5～1.5 m／**開花**:8～11月／**結実**:11～12月

夏の終わり頃から花茎を伸ばし、秋に優雅な白花や薄紅色の花を咲かせます。丈夫で栽培も容易。八重咲きなど、園芸品種も豊富です。別名は、かつて京都の貴船山に多く見られたことからつけられました。

ノコンギク

科名:キク科／**性質**:落葉多年草
草丈:0.3～1m／**開花**:7～10月

日本各地に見られる代表的な野菊。丈夫で育てやすく、地下茎を伸ばして増えます。うどんこ病が発生することもあるので、見つけたら薬剤散布し刈り取りましょう。5月頃切り戻すと枝数が増えて花数が多くなります。

シクラメン・ヘデリフォリウム

科名:サクラソウ科／**性質**:球根植物／**草丈**:5～15㎝
開花:9～12月／**結実**:4月

シクラメンの原種。林床の明るい日陰に群生します。花は楚々として可憐で、特徴的な模様の葉はカラーリーフの役割も。葉が出ている時期は土の表面が乾いたらたっぷりと、夏の休眠中も1週間に1回程度水やりをします。

ルリマツリモドキ

科名:イソマツ科／**性質**:落葉多年草／**草丈**:30～60㎝
開花:7～10月

夏から秋にかけて株を覆うように瑠璃色の小花を咲かせる、中国ヒマラヤ原産の多年草。耐寒性・耐暑性に優れ、育てやすく、地下茎を伸ばしてよく増えるのでグラウンドカバーに向いています。秋は葉が紅葉します。

少ない日照でも育つ
常緑下草

半日陰や木の下などで冬も葉が茂る常緑の植物は、下草として貴重です。上手に取り入れると、冬の風景が寂しくなりません。いずれも丈夫な植物なので、日常の手入れも簡単です。

タマシダ

科名:ツルシダ科／**性質**:常緑シダ植物／**草丈**:30〜70㎝

ほぼ直立した葉軸に、たくさんの小さな葉をつけます。乾燥にも強く、ランナーで次々と増えるので、土の少ない場所でも活躍。黄緑色の葉をつけるので、半日陰を明るく彩ってくれます。園芸品種は寒さに弱いものもあるので注意。

ベニシダ

科名:オシダ科／**性質**:常緑シダ植物／**草丈**:30〜60㎝

半日陰で丈夫に茂る多年草。新芽が赤紫色がかっていることから、この名があります。細かい切れ込みのある羽状複葉は、繊細な雰囲気。グラウンドカバーの他、木の根元や岩のそばなどに植えると、風情があります。

ヤブラン

科名:キジカクシ科／**性質**:常緑多年草／**草丈**:10〜15㎝
開花:8〜10月／**結実**:10月

日陰から日向、乾燥から過湿まで場所を選ばず丈夫に育ち、常緑の下草として親しまれています。斑入り種は直射日光でやや葉焼けするので注意を。また、炭疽病にかかることがあるので、見つけたら刈り取り薬剤散布を。

クリーピングタイム

科名:シソ科／**性質**:常緑小低木
樹高:10〜15㎝／**開花**:4〜6月

タイムの中でも繁殖力が旺盛で耐陰性があるので、グラウンドカバーとして親しまれます。花色は白かピンク。乾燥気味に育てるのがコツ。やや暑さや蒸れに弱いので、花後に刈り取り再生させると、秋にまた美しく広がります。

ツワブキ

科名:キク科／**性質**:常緑多年草
草丈:10〜50㎝／**開花**:10〜11月

艶のある大きな葉と晩秋に咲く黄色の花が、古くから親しまれています。斑入り、覆輪、葉のまわりが縮れたものなど品種も豊富で、半日陰向き。晩秋に花を楽しませてくれます。茶色く枯れた葉はつけ根から切り取るようにします。

アスパラガス

科名:キジカクシ科／**性質**:常緑多年草／**草丈**:0.5〜1m
開花:6〜7月／**結実**:10〜11月

'スプレンゲリー'と'メイリー'は観葉植物としても親しまれています。関東以西では屋外で越冬可能なため、下草としても用いられます。風通しを好み、乾燥に強く、強健。鉢植えでは根詰まりに注意し、植え替えも必要です。

フッキソウ

科名:ツゲ科／**性質**:常緑小低木
樹高:20㎝前後／**開花**:4〜5月

常緑でよく茂るため、繁栄に例えてついた名前。グラウンドカバーやロックガーデンの隙間などでも味わい深い演出ができます。斑入り種は半日陰を明るくする効果もあります。加湿や夏の蒸れによるハダニの発生に注意。

第3章

場所別「木を生かした空間づくり」ヒント集

樹木を取り入れた空間づくりのコツやポイントを場所別にご紹介。写真をヒントに、魅力的な植物の配置法や見せ方を考えてみてください。

「フロントガーデン」

敷地の入り口部分にある小さな庭は
道路からもよく見え
家の印象を決める大事な場所。
木を上手に使うと風格が生まれます。

華やかさも意識して

庭と家の入り口にあたる門柱やポスト付近のスペースは、家の「顔」ともいえる場所。できれば華やかさもほしいものです。

メインの木は、変化が美しいものがおすすめ。低木は、花期の異なるものを植えると、季節を追って花を楽しめます。また多年草や一年草で、華やかさがさらに増します。

スペースのサイズに合った木を

ひとくちにフロントガーデンといっても、広さはいろいろ。狭いのに大きく育つ木を植えると、後々管理に苦労します。スペースに合わせたサイズの木を選ぶのがポイントです。

複数の中高木を点在させるスペースがある場合は、常緑樹と落葉樹を混ぜて変化をつけるとよいでしょう。

CASE 1

複数の小スペースがある場合

下の写真の例では、フロントガーデンが4つのスペースで構成されています。
そういう場合は建物や構造物の造形に合わせて小テーマを決め、全体として統一感を。
場所によって日照条件も違うので、考慮して植物を選びます。

それぞれのスペースは決して大きくないが、スペースごとに木を植えることで、全体として緑が多い印象に。

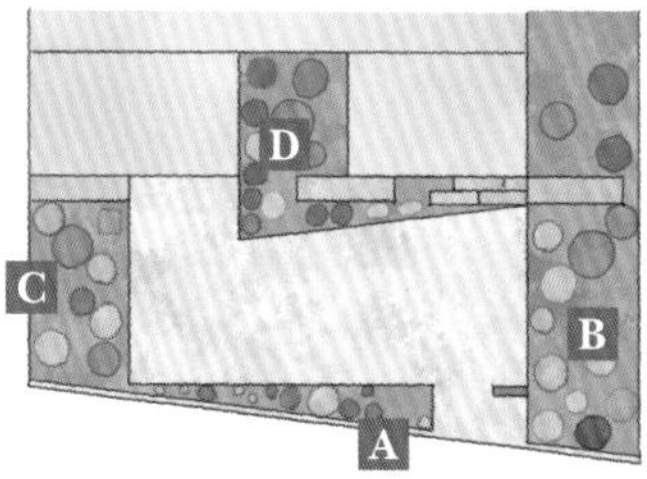

Point 1 小スペースそれぞれに主役の木を

4つのスペースそれぞれにメインの木を植えています。4本の木のうち常緑樹はシラカシのみ。ジューンベリーとエゴノキは、花と実の美しさを楽しめます。

5月末の風景。カシワバアジサイ、ヤマアジサイ、
キンシバイが花期を迎えている。

B

雑木と低木でミニ林風に　Point 2

4つのうち一番広いスペースは、メインのエゴノキのほかにサブの木としてアオダモ、ツリバナを植え、小さな雑木林のように。低木は華やかな花のものを中心に、銅葉のアメリカテマリシモツケで空間を引き締めています。

メインの木：エゴノキ❶
サブの木：アオダモ❷、ツリバナ❸
低木：カシワバアジサイ❹
キンシバイ❺、ヤマアジサイ❻
アメリカテマリシモツケ'ディアボロ'❼
ミツデイワガサ❽
主な下草：ナルコユリ、ギボウシ、
フウチソウ

花が咲く木や下草で季節感を

5~7月

4~5月

アメリカ
テマリシモツケ
'ディアボロ'(花後)

ヤマアジサイ

カシワバアジサイ

キンシバイ

ナルコユリ

ツリバナの花

エゴノキの花

Point

3 実や紅葉で華やかさを出す

道路から歩いてきて最初に目に入るスペース。ジューンベリーがなる季節には、パッと目を引きます。ジューンベリーの幹が引き立つよう、足元のウエストリンギアは樹高を抑えています。

メインの木：ジューンベリー❶
低木：ブルーベリー❷、シルバープリペット❸
ウエストリンギア❹、ローズマリー❺
キンシバイ（❸の裏側）
リューカデンドロン‘パープルヘイズ’❻

ブルーベリー
5〜6月に釣り鐘状のかわいい花が咲き、夏に結実。秋の紅葉も魅力。

初夏

秋

上：花　下：紅葉

ジューンベリー
3〜5月に白い花が咲き、初夏には美しくて甘い赤い実が。秋は黄〜赤に紅葉します。

初夏

Point

4 縦長の空間を生かしてシンボルツリーを

吹き抜け部分には一本立ちのカツラの木。樹高が高くなりやすいので、年に一度の剪定が必要です。足元は半日陰になるので、アジサイやシナモンマートル、クリスマスローズなど半日陰でも育ちやすい植物で構成。

メインの木：カツラ❶
低木：シナモンマートル❷、アジサイ❸
下草：クリスマスローズ❹
ベロニカ‘オックスフォードブルー’❺
鉢植え：斑入りハゴロモジャスミン❻、ローズマリー❼

CASE 2

奥行きが狭く横長のスペース

家屋に面した、奥行き50㎝、横幅が7mのスペース。
ハマヒサカキで生垣状にし、その内側に季節感を感じさせる低木を植えています。
ミツバツツジのまわりは幹を見せるようにし、足元には下草を。

❶オトコヨウゾメ ❷ミツバツツジ ❸ビバーナム・ティヌス
❹ハマヒサカキ ❺コハウチワカエデ ❻ナツハゼ
❼ヒメシャリンバイ ❽クリスマスホーリー ❾レモン
❿シャリンバイ ⓫アセビ ⓬クリスマスローズ ⓭ヤブラン

Point 1 高低差をつけてリズミカルに

ハマヒサカキの内側の木は、高さと樹形に変化がつき、成長が緩やかな樹種を選ぶことで、剪定も難しくないようにしました。

Point 2 季節感を楽しめるように

芽吹きや花、実、紅葉など、四季折々に表情が豊かな花木を集め、季節感が味わえるように。道行く人々も、季節の風景を楽しんでいます。

季節感を表現できる木

ヒメシャリンバイ
常緑なので冬も寂しくならず、小さくまとまるので扱いやすい低木。

花：5月

ナツハゼ
秋に紅葉と赤い実が楽しめます。実は食べることができます。

紅葉：9～10月

コハウチワカエデ
切れ込みが浅く、やさしい雰囲気。洋風の空間にも合うカエデです。

紅葉：11～12月

オトコヨウゾメ
ガマズミの仲間。春には白い花が、秋には紅葉と赤い実が楽しめます。

花：5月

ミツバツツジ
葉が出る前に花が咲き、春の訪れを感じさせる低木。秋には紅葉します。

花：4月

クリスマスホーリー
別名セイヨウヒイラギ。常緑で、赤い実は長期に渡ってなります。

実：11～1月

アセビ
春に釣り鐘状の花が咲きます。早春に出る新芽は鮮やかな紅色に。

花：3～5月

CASE 3

極小スペース

小さなスペースに植物を植えすぎると、かえって狭く感じさせる場合も。
木の数を絞り、「間」を設けると、すっきりまとまります。
引き算の発想で、空間を広く見せましょう。

「黒ユーカリ」と呼ばれることもある
アゴニス・フレクソーサ‘ブラックテール’
細い葉は気温が下がると黒くなる。

Point 1 引き算の発想で あえてシンプルに

ポストがあるスペースに、葉色と葉形に特徴がある木を一本だけ植え、足元は白い玉砂利に。左側のトクサの植栽と引き立て合い、スタイリッシュな空間となっています。

ポストのあるエリア：
奥行き約0.5m×幅約1.6m

❶アゴニス・フレクソーサ‘ブラックテール’
❷オオトクサ
❸マホニア・コンフューサ
❹ゴシキカズラ

Point 2 石でアクセントをつける

道路沿いの奥行きが狭い小さなスペースなので、木は2本に絞り、景石で空間を構成。一部砂利を敷き、植物数を少なく抑え、空間に広がりを持たせています。

メインの木とサブの木は剪定で高低差をつけるのが、空間のバランスをとるコツ。

メインの木：ハナミズキ❶　**サブの木**：クロモジ❷
下草：タイム❸、ヤブラン❹、クリスマスローズ❺、ウエストリンギア❻

CASE 4

和モダンテイスト

モダンな建築に似合う、和モダンのフロントガーデン。
苔とカエデが、ウッドフェンスの縦の線に映えます。
夕暮れ時にライトアップすると、いっそう風情たっぷりに。

コハウチワカエデは幹の美しさも魅力のうち。端正な木姿を保つために、初夏に切り戻し剪定や枝透かし剪定を。

Point 1 ハイゴケで島をつくる

御影石を敷いていない部分に、曲線で島のようにハイゴケの部分をつくり、御影石との隙間には伊勢砂利を。苔と砂利のコントラストがシーンをより魅力的にし、曲線を際立たせています。

Point 2 下草はさりげなく

株立ちのコハウチワカエデは幹も美しいので、幹がなるべく目立つよう、背の低い下草中心で構成。ヒメツルニチニチソウはよく伸びるので、苔の魅力を十分見せるよう、こまめに切り戻しを。

下草の多年草

低木

ギボウシ

クリスマスローズ

ヒメツルニチニチソウ

アルメリア（白花）

シキミア

セイヨウイワナンテン

CASE 5

植え枡《ます》タイプ

駐車場脇に設けられた、植え枡状のフロントガーデン。
広さが十分にある場合は、メインとサブの木でバランスを。
植え枡の強さに負けないよう、力強さを意識した植栽です。

タイサンボクは花が咲くと、甘い香りが。ビバーナム・ダビディの奥にあるクチナシの花も、香りが魅力。

【主な植物】
メインの木：ソヨゴ❶
サブの木：タイサンボク‘リトルジェム’❷
低木：アナベル❸
ウエストリンギア❹
ビバーナム・ダビディ❺
クリスマスローズ❻
シモツケ❼
ヒメウツギ❽（❷の裏側）
八重咲きクチナシ❾
主な下草：ティアレア❿
ディアネラ⓫
ヤブラン⓬
リグラリア⓭
ジュウニヒトエ⓮
（❶の裏側）
ブルーパシフィック⓯
グレビレア⓰

ティアレア

ヒメウツギ

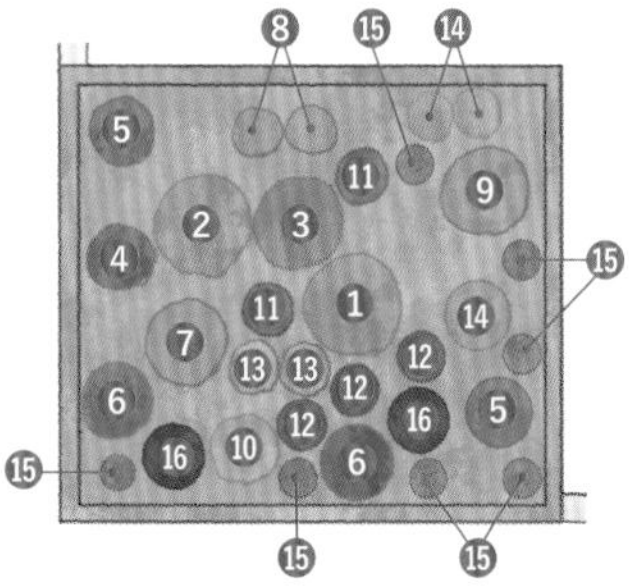

Point

1 常緑樹で力強さを出す

広めの植え枡タイプの場合、メイン、サブとも常緑樹でも重くなりません。高低差を意識し、立体的な空間にするのがポイント。縁付近に這う性質の針葉樹を植えると、構造物の印象を和らげることができます。

濃い葉色で切れ込みの深いマホニア・コンフューサと、斑入りのディアネラを隣り合わせに植え、コントラストを。

Point 2
空間を円錐状にまとめる

小さな四角の植え枡なので、あまり込み合わないよう、植物を円錐状にまとめています。構造物の力強さと調和するよう、葉が大きく存在感のあるタイサンボクをメインの木に。足元の斑入り葉で、軽やかさを出しています。

❶タイサンボク ❷マホニア・コンフューサ
❸グレビレア‘ブロンズランブラー’
❹ディアネラ ❺アナベル
❻ビバーナム・ティヌス ❼ビバーナム・ダビディ

オリーブは葉が込みやすいので、年に1〜2度剪定を（P150参照）。

Point 3
オリーブと相性のよいハーブを合わせる

オリーブの足元に、生育地が共通しているラベンダーなどのハーブを配置。縁から垂れる匍《ほ》匐《ふく》性のローズマリーが、植え枡の印象を和らげています。

❶オリーブ ❷ローズマリー（匍匐性）
❸ラベンダー ❹ロータス‘ブリムストーン’
❺ローズマリー（立ち性）

［駐車場まわり］

コンクリートが多い駐車場は
どうしても無機的になりがち。
わずかでも土の部分を残して
植物を植えると、イメージが一変します。

高さとボリュームを想定

駐車場の植栽は、植物が成長した後、車の位置や隣地に影響を与えないことが前提。どの程度の高さとボリュームに収めるか想定しておくことが大事です。

駐車場と他のエリアの間仕切りにする場合は、来客者などの動線を誘導する役目も果たします。その場合も、木をどの程度の高さに収めるかを想定してプランニングしましょう。

一年草やハーブも活用

駐車場の縁のちょっとした土の部分や、植え枡《ます》状になっている場所は、ボリュームのある植物が植えにくい場合もあります。ハーブや季節の一年草などで華やかさを出しつつ、匍《ほ》匐《ふく》性の植物などで土をやわらかく覆うのもひとつのアイデアです。

CASE 1

駐車場の縁の細長いスペース

建物と駐車場の間の隙間は、土が少なく、車の影になることも多い場所。
匍匐《ほふく》性の植物や、丈夫なハーブ類、セダムなどが向いています。
低木を植えた場合は、剪定でボリュームをコントロールしましょう。

Point 1

繰り返しでリズムをつくる

細長いスペースの場合、3～4種類の植物を繰り返し植えると、リズムが生まれます。ホワイトソルトブッシュやティーツリーはまめに剪定をし、大きくなりすぎないように。

Point 2

狭い隙間に丈夫な植物を

土が少ない場所は、丈夫でよく広がるタイムやブラックペパーミント、乾燥に強いローズマリーなどのハーブ類が向いています。エッジにグリーンがあると、駐車場の印象が変わります。

CASE 2

間仕切りも兼ねた植栽

駐車場と他のエリアの間仕切りは、背の高い木を列植する必要はありません。
2〜3本、中高木があれば、間仕切りの役目を果たします。
残りの部分は低木や多年草、一年草などで、風通しよく。

コンクリート打ち放しの建物に、銀色がかったオリーブやユーカリの葉が映える。

Point 1
数カ所に高さのある木を

メインにオリーブ、サブにユーカリ・グニーとヒメツバキ'エリナ'を植え、それ以外は葉が軽やかな印象の低木類でまとめています。中高木は、この2本があれば十分。オリーブは、シンボルツリーの役割も果たします。

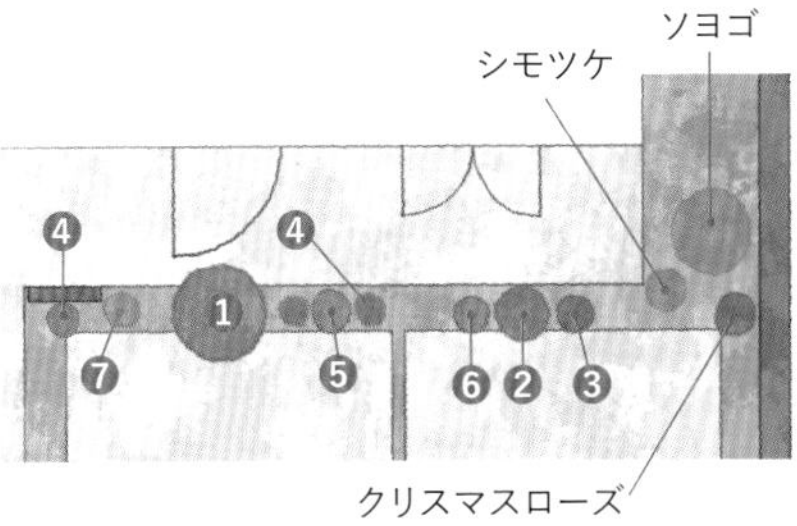

Point 2
風通しを考えて

植栽エリアにぎっしり低木を植えると、通路部分の見通しと風通しが悪くなります。あえて空間を大きくあけて、すっきりと。低木が育ったら、剪定でボリュームをコントロールします。

主な下草

ロータス'ブリムストーン'

低木

ローズマリー

斑入りコデマリ

ウエストリンギア

ヒメツバキ'エリナ'

サブの木

ユーカリ・グニー

メインの木

オリーブ

CASE 3

隣家が迫っている駐車場

隣家が迫っている駐車場の場合、スリムな樹形の木を選ぶか
こまめに剪定して樹形をコントロールすることが大事です。
圧迫感がない植栽を心掛けつつ、フロントガーデンとしての華やかさも大切に。

隣家との境も兼ねているスペースの場合、枝が隣地にはみ出さないように剪定を（P153参照）。

Point 1

シンボルツリーも兼ねて美しく

隣地との境も兼ねた小さな植栽エリアに、シンボルツリーも兼ねて四季咲き性のアカシア・デアネイを。よく茂る木なので、年に2～3回、花後に剪定をし、樹勢をコントロールします。足元の低木も、刈り込み剪定で樹形をコンパクトに。

5月に剪定し、8月に開花。今年伸びた枝に花芽がつくので、剪定することで年に数回花が咲く。

❶アカシア・デアネイ
❷コロキア
❸ウエストリンギア
❹アベリア
❺グレビレア・ラニゲラ

Point 2 間仕切りの木はスリムに

隣地との間仕切りも兼ねた駐車場脇のスペースは、直立型の樹形の木を植えるのがコツ。切り戻し剪定で、枝が伸びすぎないようコントロールし、低木やリーフ類で、変化をつけましょう。

メインの木：ソヨゴ❶
サブの木：ビバーナム・ダビディ❷
タニウツギ❸
下草：カレックス❹、アセビ❺
ヤブラン❻

Point 3 不等辺三角形を意識

小さなスペースの場合、メインの木は中心からずらすのがコツ。全体が不等辺三角形になるようにすると、バランスが取れます。その際、メインの木は建物側に寄せると安定感が出ます。

メインの木：ソヨゴ❶
サブの木：ニシキギ❷
低木：ビバーナム・ダビディ❸
マホニア・コンフューサ❹
ローズマリー❺
下草：クリスマスローズ❻
ツワブキ❼、ヤブラン❽

［玄関まわり］

土のない場所や玄関まわりは
鉢植えやプランターを
上手に使うのがポイント。
個性も表現できます。

大きめのプランターを活用

土がない玄関まわりは、どうしても無機質になりがち。緑が加わることで印象がやわらかくなり、自然な雰囲気になります。

鉢を並べる方法が一般的ですが、構造物と調和する大きめのプランターを利用するのもおすすめです。狭い空間を効率的に使うには、フェンスにつる性植物を利用し、立体的に演出する方法もあります。

植物は少しずつ増やす

ある程度広い空間をカバーしたい場合は、とくに建物との一体感を意識しましょう。その場合、一気に完成形を目指さないのがコツ。どういうイメージにしたいかを考え、少しずつ植物を増やして最適なボリュームにもっていくと失敗しません。

CASE 1

私道に面した小スペース

私道ギリギリに家が建ち、土がない場所でも、
プランターを利用すれば小さなツリーガーデンを楽しめます。
木が暴れすぎないよう、剪定でコントロールするのが美しく保つコツです。

Point 1 フェンスの内側に鉢植えの木を

フェンスの内側に、鉢植えの常緑ヤマボウシとハナミズキを置いています。フェンス越しに木が見え隠れし、建物の印象がナチュラルに。常緑樹と落葉樹なので冬も緑があり、春には花も楽しめます。

Point 2 フェンスとテイストを合わせる

ウッドフェンスの素材と合わせたプランターに、箱庭のような感じで低木の植栽を。銀葉のアカシア‘ブルーブッシュ’と、繊細な葉のアデナンサス、ミツバハマゴウなどで、ナチュラルな雰囲気に。

プランターの植物

❶アカシア‘ブルーブッシュ’ ❷コデマリ
❸ベロニカ‘オックスフォードブルー’
❹アデナンサス ❺リューカデンドロン
❻ミツバハマゴウ・プルプレア

CASE 2 広さのある空間

ある程度広い場所を植物で演出する際は、
建物の雰囲気と調和する、大きめの鉢を利用するのがコツ。
ボリュームがあると空間のイメージをつくりやすく
小さい鉢をいくつも置くより水やりの手間も省けます。

Point 1 つる性植物で面をつくる

つる性植物を使って空間を立体的に利用すると、広い面積をグリーンで覆うことができます。ここでは、白花のモッコウバラをメッシュフェンスに誘引。春にはたくさんの花を咲かせます。

アイアンのフェンスと、存在感のある植木鉢、個性的な植物でエントランスを演出。

【主な植物】

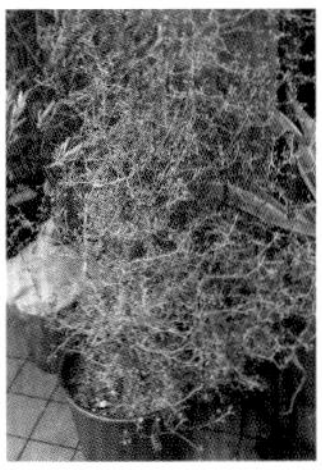

コロキア

パールアカシア

アガベ

カランコエ・
ベハレンシス

Point 2 存在感のある植物でモダンに

アンティーク感のあるエントランスに合わせて、
存在感のあるアガベや、枝の造形が面白いコロキアなどを
組み合わせて。カランコエは形状が面白いので、
ポイントに組み合わせて飾ります。

［アプローチ］

玄関へといざなうアプローチはいわば「おもてなしの小径」。訪れる方が心地よく感じられるよう工夫しましょう。

通行の邪魔にならないように

道路から玄関へと続くアプローチは、頻繁に人が行き来する場所なので、通行の妨げにならないことが大事です。雨の日に枝がしなって、通路にかからないか。傘をさして歩けるかなど、さまざまな状況を想定してプランニングしましょう。通路部分の際《きわ》は匍匐《ほふく》性の植物などを使うと、歩行の妨げになりません。

花も取り入れて

アプローチの距離がそれなりにある場合は、ドラマチックさもほしいもの。「林を抜ける」「ハーブ園をそぞろ歩く」など、憧れのイメージを思い描くとデザインがしやすくなります。目立つ場所なので、環境条件を考慮したうえで、花が美しい植物も取り入れましょう。

CASE 1

半日陰の旗竿地

家屋部分が道路に面していない、いわゆる「旗竿地」のアプローチは
隣家に挟まれ、どうしても日照が不足しがち。
半日陰でも育つ植物で構成し、斑入り葉や黄金葉で明るさを出しましょう。

Point 1

植物に向かない場所に小石を

地中に配管などがある場所、日がほとんど差さない場所は、無理して植物を植えず、砂利を敷きましょう。グリーンとのコントラストが生まれ、空間を明るくする効果もあります。

Point 2

日照に合わせた植物を選ぶ

旗竿地にはシダ類など丈夫な植物がおすすめ。また斑入りの植物は、暗くなりがちなアプローチを明るくしてくれます。年間を通して日照を観察し、柔軟にさまざまな植物を試してみましょう。

シマトネリコの成長は早いが半日陰でやや抑制できるので、主幹を剪定して樹高を止め、切り替え剪定を繰り返す。

シダ類

ベニシダ

オニヤブソテツ

タマシダ

多年草

カレックス・フラゲリフェラ

トキワイチゴ（ルブス）

低木

ビバーナム・ティヌス

マホニア・コンフューサ

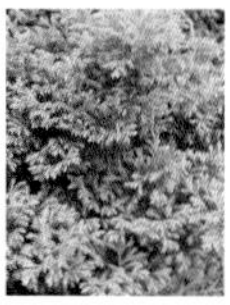

コニファー ブルーバード

斑入りトベラ

CASE 2

山荘風の建物に合わせて

雑木を植えたナチュラルなアプローチは、まるで別荘地のよう。
ほとんど落葉樹なので、冬は明るく、夏は木陰が快適です。
直立性の株立ちの木を植えると、歩くとき邪魔になりません。

Point 1

雑木のトンネルをイメージ

葉陰を歩いて玄関に行けるよう、上のほうの枝は残し、根元近くはすっきりと。歩きやすさを重視し、適宜枝を抜いています。

Point 2

半日陰向きの植物で構成

木の下は日照が不足しがちなので、下草はギボウシやフウチソウ、リグラリアなど、半日陰向きの植物で構成。枕木の歩道の周辺は、ディコンドラやルブスなど匍《ほ》匐《ふく》性の植物で地面を覆っています。

【主な植物】
❶ジューンベリー
❷アナベル
❸ギボウシ
❹フウチソウ
❺オレガノ

アジサイの季節はたくさんのアナベルの花が、アプローチを明るくしてくれる。

［植え枡《ます》］

植え枡とは、コンクリートや石、レンガなどで囲われた植栽スペース。建造物と一体化したものや小スペースなどさまざまなタイプがあります。

高さや形状に合わせた植栽を

植え枡は家屋や塀と一体化したものが多く、家屋のデザインや道路との関係などで、さまざまなサイズのものがあります。塀に沿って横長のものもあれば、大型のプランターのような形状のものも。地面からの高さもいろいろです。構造物との関係などを考慮し、バランスの取れた植栽を考えるようにしましょう。

植え枡の高さに注意

なかでも重要なのは、植え枡の高さです。高さがある植え枡は、低木や枝垂れる植物を植えると視線位置が明るくなります。また視線の高さに植物がくるようにすると、バランスが取れます。

CASE 1

構造物と一体化した横長の植え枡

塀やフェンスと一体化した植え枡は、横長の形状のものが少なくありません。
その場合、やみくもにいろいろな植物を植えると、まとまりのない風景になりがち。
複数の植物を連続して反復すると、リズムが生まれます。

ボリュームのある低木を中心に、ベニバナトキワマンサクでアクセントを。

Point

葉形と葉色でリズムをつくる

葉形や葉色の違う植物を組み合わせ、
色のグラデーションを意識するのがコツ。
ところどころアクセントとして銅葉の植物を入れると、
単調にならず、リズムが生まれます。

銀葉のグレビレアと銅葉のニューサイランでコントラストを。グレビレアは刈り込み剪定で葉数を増やす。

CASE 2

濃い壁色を背景にした植え枡

モダンな建築には、花がない季節も葉だけで表現できる植栽がおすすめ。
この例の場合、濃淡のグリーンのグラデーションが
黒に近いチャコールグレーのモダンな壁と引き立て合っています。

葉色が濃いめのハクサンボクの隣には、明るい葉色のプリペットや繊細な葉のアデナンサスを配置。

常緑低木

ビバーナム・ダビディ

プリペット
‘レモンアンド
ライム‘

シジギウム

アデナンサス

グレビレア
‘ジュビリー’

セイヨウイワナンテン

メインの木

ハクサンボク

下草

アジュガ
‘チョコレートチップ’

Point

常緑樹中心で冬も緑に

メインの木のハクサンボク以外は
常緑樹なので、冬も寂しくなりません。
艶のあるハクサンボクが秋には紅葉し、
季節の変化を楽しめます。

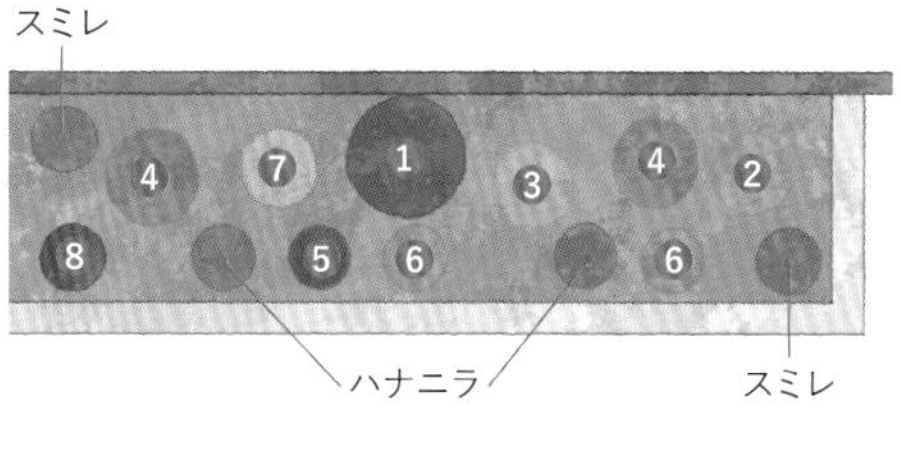

CASE 3

半地下のドライエリア

ドライエリアの植え枡《ます》は、構造物の印象が強くなりがち。
コンクリートに負けない強さのある植物を植えると、引き立ちます。
部屋からの景色を楽しめるよう、植栽の高さは低めに保つのがポイント。

銀青色や濃い緑色のなか、銅葉のアメリカハナズオウとニューサイランがアクセントに。

Point 1

ドライガーデンのイメージで植物を選択

アオノリュウゼツランやユッカなど、ドライガーデン向きの植物で骨格をつくり、イチゴノキやレモンマートルなどの常緑低木を配置。早春にはジンチョウゲがよい香りを放ちます。

❶アオノリュウゼツラン ❷ニューサイラン ❸ユッカ
❹アメリカハナズオウ'フォレストパンジー'
❺ヤタイヤシ ❻イチゴノキ ❼シナモンマートル
❽セイヨウイワナンテン'レインボー' ❾斑入りトベラ
❿ジンチョウゲ ⓫カレックス ⓬レモンマートル

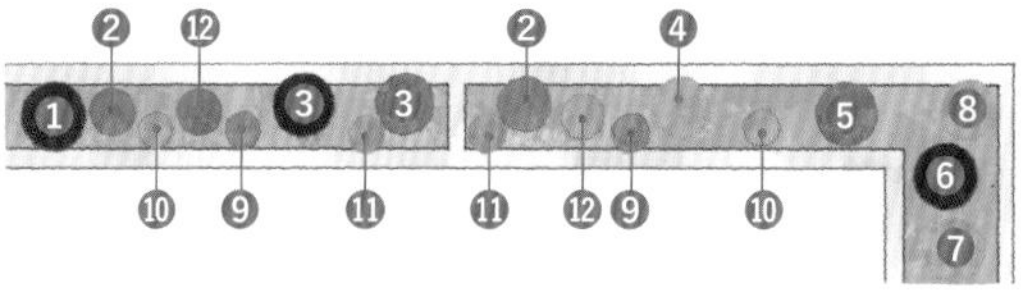

Point 2

上のフロアから見ても美しく

上の階から植え枡を見たところ。存在感のあるユッカ、アオノリュウゼツランが、大きな花のよう。葉色や葉形のコントラストで、見応えある風景に。

［デッドスペース］

一軒家の敷地には
デッドスペースができがち。
木を植えて上手に活用すると
外観のイメージアップや
目隠し効果がはかれます。

目隠しと景観を両立させる

一軒家の場合、デッドスペースとしてとくに多いのが、家屋とフェンスの間の隙間です。道路に面して窓がある場合は、隙間に木を植えると目隠しになり、道路からの景観もよくなります。建物とのバランスを考え、植える位置を考えましょう。

狭い場所こそ木が活躍

小さな植え枡などは木を植えることを諦めがちですが、逆にそういう場所ほど、スリムな木を植えることで、建物もイキイキと見えます。ただし、剪定で樹形をコントロールすることが大事です。足元は日照が不足するので、半日陰向きの下草を植えましょう。

CASE ❶

塀と建物の間の隙間

幅40㎝以上あれば、木を植えることは可能。
ただし剪定で樹形をコントロールし、
道路にはみ出さないように注意を。
目隠しを目的とするなら、常緑樹を選びましょう。

（上）目隠しに左からフェイジョア、ブラックティーツリー、シジギウム、ハイノキ。（右）パティオに面した壁のスリットを隠すよう、常緑ヤマボウシとアキグミ‘シルバーヘッジ’を配置。

CASE ❷

変形の小さな植え枡

一辺が60㎝程度の、三角形のデッドスペース。
幹が細くしなやかな印象のハイノキを植え、
足元に銀葉や斑入り葉の植物で、明るさを出しています。

❶ハイノキ ❷シャリンバイ ❸ウエストリンギア ❹アジサイ
❺セイヨウイワナンテン‘トリカラー’ ❻テイカカズラ‘黄金錦’ ❼ヤブラン

［パティオ］

中庭や塀に囲まれた小さな庭は
日照と通風が不足しがち。
半日陰に強い木と
丈夫な下草を選ぶのがコツです。

日照と通風が課題

パティオは壁や塀に囲まれた空間のため、一年を通して日照と通風の確保が課題です。通風が悪いと、夏に蒸れて害虫や病気の原因になることもあります。日照環境に合わせた丈夫な植物を選び、場合によってはサーキュレーターなどで通風を促しましょう。植えすぎは蒸れの原因になるので、適度の空間をあけ、剪定をこまめにすることも大切です。

スペースの大きさに合う木を

植えたい木の自然樹形が成長後にスペースに対して合うかどうかの見極めも重要です。小さなパティオの場合、大きく育つ木や横張りの強い木を植えてしまうと後々大変です。パティオのサイズや環境を確認し、植える植物を選びましょう。

CASE 1

日照が不足しがちな中庭

まわりを壁に囲まれたパティオは、どうしても日照が不足しがち。
高さがある木は、高い位置で光を受けることができますが、
下草までは光が行き渡らないことも。半日陰向きの下草を植えましょう。

Point

和のテイストを取り入れる

玄関ホールや寝室から見えるパティオ。
白タイルのモダンなスペースに
和のテイストが似合い、癒やしのある風景に。
枝垂れモミジは樹形を保つため、
切り替え剪定や切り戻し剪定が必要です。

メインの木：枝垂れモミジ❶
サブの木：ウメ❷
低木：マホニア・コンフューサ❸
下草：クリスマスローズ❹、ツワブキ❺

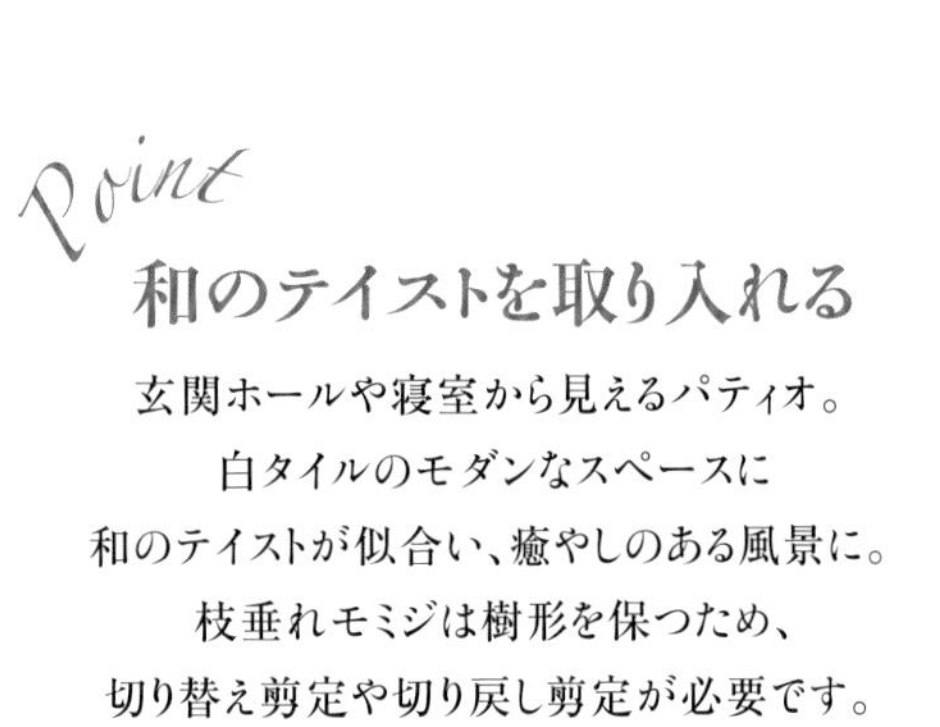

2階からパティオを見下ろしたところ。

CASE 2

部屋からの風景にこだわる庭

どの部屋から、どんな風景を見たいのか。視線を定めると
イメージが明解になり、植物を選びやすくなります。
その際、「植物の量は控えめに」が鉄則。引き算の発想で空間をつくりましょう。

Point 1

鉢植えでスタイリッシュに

和室から見たとき、フェンスを背景にアナベルを眺められるように配置。ブリスベーンアカシアはあえて鉢植えにすることで高さも抑えられ、よりスタイリッシュに。白いタイルとフェンスに調和します。

メインの木：ブリスベーンアカシア（鉢植え）❶
サブの木：アナベル❷
下草：斑入りフッキソウ❸、コクリュウ❹
クリスマスローズ❺

手前は足湯の設備。足湯でくつろぎながら庭を眺められる。

ライトアップすると一段と雰囲気がよくなり、入浴中の風景が楽しみ。

Point 2

繊細な木でやさしさを

ハイノキのそよそよした風情が、パティオをさわやかな空間に。右側の低い位置に浴室の窓があり、バスタブに入りながら木が眺められるよう考えられています。また2階のテラスからも梢がよく見えます。

メインの木：ハイノキ❶
低木：マホニア・コンフューサ❷
セイヨウイワナンテン'レインボー'❸、アイビー❹
下草：斑入りヤブコウジ❺、ナルコユリ❻、タイム❼

［壁やフェンス］

無機的になりがちな構造物は植物を組み合わせることで硬さが和らぎ立体的に風景をつくることができます。

範囲を決めるのが大事

つる性植物は大きく分けて、フジのようにフェンスなどにつるを巻きつけて伸びていく植物と、アイビーのように小さな根や吸盤で壁などを這う性質のものがあります。とくに後者は生命力が旺盛なものが多く、放っておくとどんどん伸びてしまいます。壁などに這わせる場合は、範囲を決めることが大切です。

こまめに剪定を

つる性植物は、春から夏にかけてぐんぐん伸びます。こまめに剪定をし、込み合った枝は間引くようにしましょう。

つるバラは、正確にはつる性植物ではありません。人間の手によって構造物に誘引することで、立体的にバラの風景を楽しむことができます。

常緑のオオイタビで壁面緑化。

葉脈が美しいヘンリーヅタ。
秋には紅葉する。

Point 1 這う性質の植物を使う

壁面の緑化には、ツタ類やオオイタビ、
テイカカズラなど、這う性質の植物を使います。
ツタ類の中には、秋に実をつけ、紅葉するものもあります。
想定範囲を超えて伸びた場合はこまめに剪定を。

バラ‘コンスタンス・スプライ’を家屋の壁面に誘引。下草には、斑入りのヘデラやブラックペパーミントなど。

Point 2 つるバラで風景をつくる

つるバラは自分でフェンスなどに巻きつくことができません。
冬に剪定し、麻ひもや誘引用ワイヤーなどで
構造物に誘引します。下草には、メリハリを効かせ
多年草やハーブなどが似合います。

常緑のナニワイバラを、窓をぐるっと囲むように誘引。花の季節には白い花が窓を縁取る。

ヤマホロシを絡ませたフェンス

Point 3 つる性植物を絡ませる

フェンスなどの構造物を隠すのに役立つのが、つる性の植物。茂りすぎると蒸れて内側が枯れるので、花後を基本に剪定し、伸びたらこまめに誘引をします。

[ベランダ]

ベランダは部屋から目に入るので
インテリアとの調和を考えるのも
ベランダ植栽のポイントです。

ひさしを確認

ひさしの位置によっては、南側でも半日陰になることがあります。日照を確認して日陰の場合は、下草は半日陰で育つものを選びます。

高低差をつける

ベランダの植栽は、目隠しを兼ねる場合もあります。植栽とプランターに高低差をつけ、リズムを取りながらさりげなく目隠しすると、圧迫感がありません。

鉢の回転と剪定を

日光の当たる建物の外側に成長する傾向があるので、可能であれば数カ月に一度、鉢を回転させましょう。また、こまめに剪定することで、バランスを保つことができます。

寄せ植えは全体のバランスを見ながら、春や秋に下草として一年草の花ものなどを足すのもおすすめです。

❶ソルトブッシュ ❷オリーブ
❸アデナンサス ❹三角葉アカシア
❺斑入りナワシログミ'マリリン'

存在感のある大きな鉢に、オーストラリアンプランツや三角葉アカシアなど、ユニークな植物を。

Point 1 鉢に統一感を持たせる

ベランダで木を楽しむ場合、植木鉢のテイストを揃えると、風景がまとまりやすくなります。その際、同じテイストで形や高さが違うものを選ぶと、単調になりません。

同じテイストで形の違う鉢4つにシマトネリコを植え、部屋から見たとき緑のカーテンのように。

鉢は大小メリハリをつけて。ソファーの目線の先にあるプランターには、さまざまな木と下草が植えられている。

Point 2 部屋から見た景色にこだわる

ベランダに木を並べると、部屋から窓を見たときにまず木が目に入るので、後ろの景色が気にならなくなります。その際、視界を遮りすぎないよう、高低差をつけるのがコツ。

❶フェイジョア ❷コロキア
❸アカシア‘ブルーブッシュ’
❹ウエストリンギア
❺ドドナエア ❻シャリンバイ
❼レプトスペルマム
❽シルバープリペット
❾ミツバハマゴウ・プルプレア
❿パッションフルーツ
⓫カレックス ⓬セダム
⓭アジュガ‘チョコレートチップ’

部屋の中からの風景
部屋から外を見ると、木がまず目に入るので、ビル群の印象を薄めてくれる。

「屋上」

屋上は日照を確保しやすく
植物を育てやすい環境です。
第2のリビングの感覚で
植栽を考えましょう。

強風や日照に耐える植物を

屋上は強い風や雨、夏の強い日差しなどを受けやすい場所です。強い直射日光を浴びると葉焼けする植物や、風で葉が傷む植物は、本来の姿で育ちません。そうした条件を踏まえ、梅雨の長雨や夏の日差しに耐える植物を選びましょう。

安定のよいプランターに植える

風を受けても倒れないよう、重さのある安定のよい形のプランターを選ぶようにします。そのうえで台風など強風の際は、木に支柱を立てたり、フェンスにひもで縛り固定するなど、転がったりしないよう万全の対策を取りましょう。

Point

プランツバッグで重量減を

プランツバッグを使うと、屋上まで重い鉢を持ってあがる労力から解放されます。また安定感がよいので、強風に対しての心配も軽減されます。

プランツバッグを使った寄せ植え
正方形と長方形のプランツバッグを利用した寄せ植え。個性的な木に多肉植物や花の美しい低木を組み合わせて。

❶ワシントニア
❷ニューサイラン
❸アカンサス・モリス
❹アエオニウム

❶アカシア‘レインディアワトル’ ❷ヒメツバキ‘エリナ’
❸ティーツリー ❹ハーデンベルギア ❺ローズマリー
❻モクビャッコウ ❼黄花キンポウジュ

条件が悪い場所でも、諦めないで！

あなたのお悩みに、お答えします

ここではよく聞くお悩みと、その解決法をご紹介。
工夫次第で木を使った植栽は可能です。
回答を参考に、それぞれのお悩みの解決法を見つけてください。

Q

駐車場の脇にある土が浅い花壇に目隠しのための植栽をつくりたいのですが。

A

土が少ししかなくてもツリーガーデンをつくるのは可能です。枯れる植物があっても落ち込まないで！

この花壇は下にコンクリートが流し込まれており、土の浅いところは深させいぜい25㎝。ただ、日当たりがよければ、十分木は植えられます。まずは、環境条件に合った好きな植物を植えてみましょう。あまり根が張らない植物を選ぶことも大切です。もし枯れる植物があったら、環境に合わなかったので、違う植物にトライしてみましょう。

植栽スペースを掘ったら、水道管や配管パイプが埋まっていることもあります。その場合はプランター植えをするか、パイプに耐根シートなどを巻いて防根して植える方法もあります。

植えた直後の様子

❶アデナンサス ❷カラタネオガタマ
❸オオデマリ‘ジェミニ’ ❹バーゼリア
❺シルバーティーツリー‘ドラムシルバー’
❻アルテルナンテラ ❼グレビレア
❽ラベンダー ❾シルバータイム

カラタネオガタマとアデナンサス、オオデマリは立派に成長。キンシバイやプリペット‘レモンアンドライム’は後から植え足したもの。

Q

隣家との境のブロック塀を隠したいのですが、狭いところは塀との間が20cmしかありません。

A

つる性植物を利用しブロック塀を隠せば景観がぐっと変わります。

ブロック塀と門柱の間はわずか20cmですが、その間にヘデラを植えてブロック塀に這わせることで、緑の壁に変えることができます。この例では、ブロックを隠しつつ明るい雰囲気に変えたいとのことで、メインツリーにジューンベリーを植えました。

玄関近くには、葉色に特徴のあるドドナエアと、羽状に切れ目の入るグレビレアを並べて植えています。どちらも最近人気のオーストラリアンプランツで、玄関付近の雰囲気をおしゃれに演出しています。

ジューンベリーがほどよく茂り、実もたっぷり。収穫が終わったら剪定予定。

ジューンベリーの実

ドドナエアの花

植えた直後の様子。

❶ヘデラ ❷ジューンベリー
❸グレビレア'ハニーワンダー'
❹マートル ❺ドドナエア

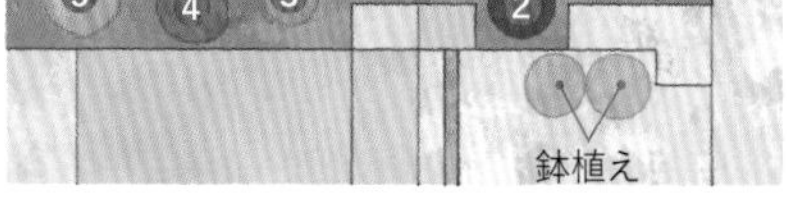

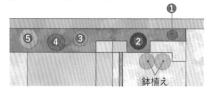

Q 台所の窓から木が見えたらよいのに。ただし、塀との隙間が少ししかありません。

A 大きくなりすぎないよう鉢植えを並べましょう。地植えするなら成長が遅い木を。

キッチンの窓から緑が見えたら、癒やし効果も抜群。フェンスと窓の間が狭い場合が多いようですが、80cm程度の奥行きがあれば、木を植えてみましょう。その際、どのくらい日照があるのか確認し、環境に合う木を選ぶように。また通風が悪い場合は、丈夫な樹種を選び、剪定で枝が込み合わないようにします。

逆に狭い空間は風の通り道になり、強風が抜けることもあります。その場合、地植えなら支柱を、鉢植えなら重い鉢を利用し、できれば麻縄などで構造物に固定しましょう。また、窓の位置に緑がくるよう低木や成長の遅い木を選び、剪定で樹高と樹勢をコントロールすることも大事です。

左からグレビレア'エンドリチェリアナ'、ビバーナム・ティヌス、アキグミ

ベランダに鉢植えを並べる

窓の幅が広いので、ボリュームが出る木を3本、鉢植えで配置。葉数が多くなる樹種を選び、窓の高さに合わせて剪定します。

左からヤマモミジ、ヒメシャリンバイ

日照を考慮して2種の木を配置

窓の左手は庭に続いているので多少日照が確保できますが、右手は日照が不足しがち。そこで右に半日陰でも育ってくれるヒメシャリンバイを。左に紅葉を楽しめるヤマモミジを配置。

Q 狭い植栽エリアをなんとか明るくしたいのですが。

A 黄金葉と呼ばれる明るい葉色の低木を植えましょう。

黄金葉（オーレア）の植物は、空間をパッと明るい印象にしてくれます。とくにこの写真の場合はブロック塀が白いので、プリペット'レモンアンドライム'の鮮やかな葉色がよく映えます。

４株植えましたが、２〜３カ月もたてば枝が伸びてつながります。多少高さを出しつつ、剪定で刈り込めば、タイルを縁取る生垣のように。窓から外を見ると、明るい景色が目に入ります。右手の花が咲いている多年草のティアレアと合わせて、やさしい葉色の空間にしました。ブロック塀の反対側は玄関ですが、夕日が差すとブロックの隙間から明るい葉色が輝きます。

プリペット'レモンアンドライム'は矮性なので、自然樹形でも高さ1mくらいに収まる。

Q 隣家が迫り日照時間も少ない場所。景観の悪さを改善できますか。

A 砂利とアクセントの景石を使いポイントのみ木と下草を配します。

景観があまりよくない場所でも、木を植えることであまり気にならなくなります。ただ小スペースはとくに、ぎっしり植物を植えるとかえって空間が暗くなりがち。人間の目は選択的に見たいものを見る働きがあるので、余裕をもって植物を配置し通路部分に白系の砂利を敷くことで、窓から見える景色が明るくなります。またアクセントに大きな景石を据えると、世界観ががらっと変わります。

殺風景になりがちなスペースも、メインの木、低木、下草と石の組み合わせで、落ち着きのある風景に。

❶ヒメクチナシ ❷斑入りギンバイカ ❸ヤマボウシ
❹アベリア ❺ノシラン

第4章

これだけはやりたい！
美しく保つための管理術

比較的ローメンテナンスですむツリーガーデンですが、美観と草木の健康のために多少の手入れは必要です。楽しみながら、日常の管理を行いましょう。

年間の主な作業

日ごろの手入れ

日常的な手入れは、水やりや除草、落ち葉の掃除。春から夏は害虫が活発に活動するので、まめに観察し、早めに対処しましょう。夏は庭植えでも水切れに注意が必要です。

年に最低一度は剪定を

木の手入れで重要なのは剪定です。樹高や樹形など見た目を整えるだけではなく、通風や日照を確保し、木の健康を保つ役割も。難しい場合は、プロにお任せしましょう。

	3月	4月	5月	6月

庭植えの木

- 植えつけ＊5月頃の暑い日は避ける
- 病害虫の防除・駆除
- 花後の剪定／整枝（切り戻し・枝透かし）／掃除
- 樹形を整える剪定／掃除
- 追肥

鉢植えの木

- 植えつけ・植え替え＊5月頃の暑い日は避ける
- 病害虫の防除・駆除
- 花後の剪定／整枝（切り戻し・枝透かし）／掃除
- 樹形を整える剪定／掃除
- 追肥

下草

- 植えつけ・株分け＊花の時期と暑い日は避ける
- 病害虫の防除・駆除
- 剪定
- 水やり注意
- 追肥

日常の管理のために あると便利な道具

ガーデニング用のハサミ
細い枝の切り戻しや花がら摘み、枯れた多年草の整理など、日常的に最もよく使うハサミ。

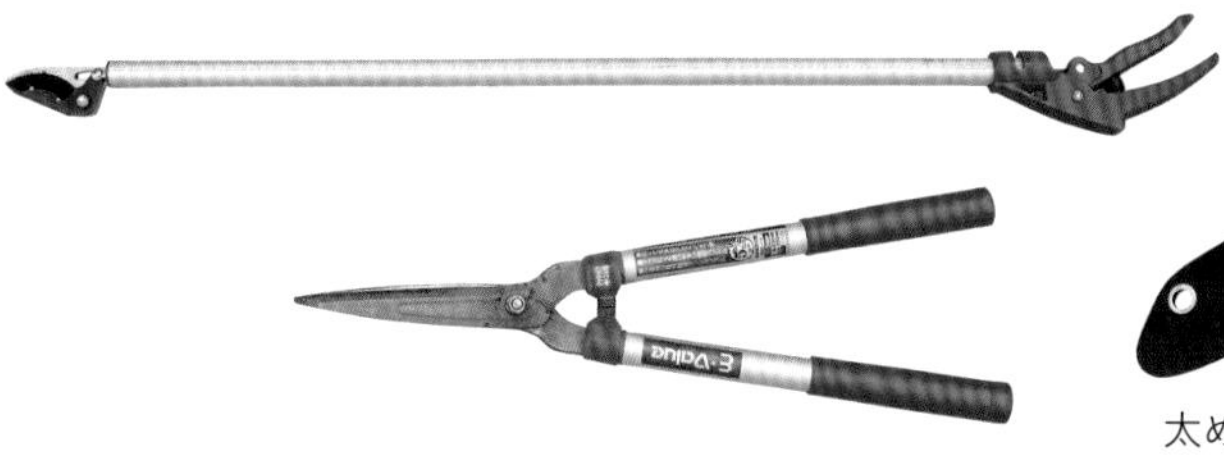

高枝切りバサミ／刈り込みバサミ
高所の枝を切り戻し、生垣の刈り込みなどの際、あると重宝します。軽量のものがおすすめ。

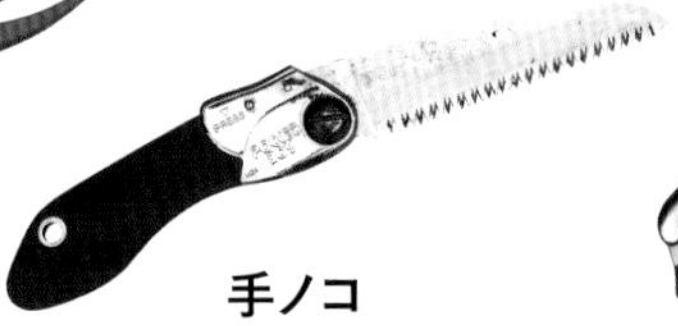

手ノコ
太めの枝を剪定する場合は、片手で使える小型のノコギリ（手ノコ）が便利。引いて切るので、押すときは力を軽く抜きます。

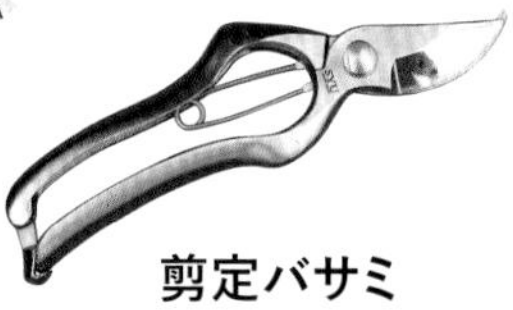

剪定バサミ
太さ2～3㎝までの枝を剪定する場合に使います。細身の受け刃で枝を固定し、切り刃を押し下げるように切ります。

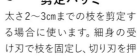

2月	1月	12月	11月	10月	9月	8月	7月
				植えつけ			
病害虫の防除・駆除							
樹形を整える剪定／掃除							
				追肥			
					植えつけ・植え替え		
病害虫の防除・駆除							
樹形を整える剪定／掃除							
				追肥			
					植えつけ・株分け		
	掃除／手入れ						
				追肥			

スコップ

木を植える穴を掘ったり、花壇の土の掘り起こしに欠かせません。

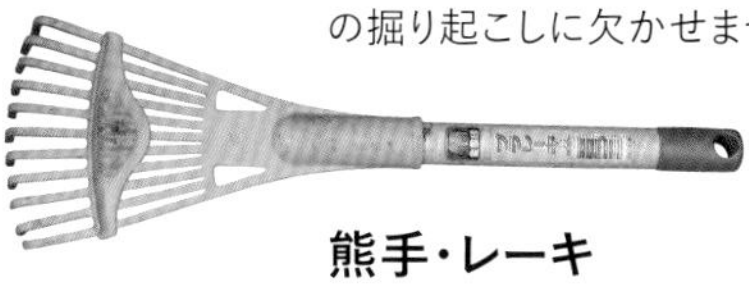

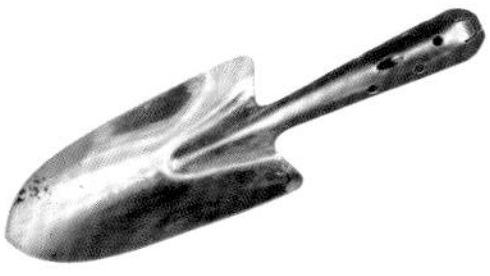

ガーデニング用手袋

剪定作業や植えつけ、薬剤を扱う際には手袋を使用しましょう。バラなどトゲがある植物の手入れは、手のひら部分がゴム製、あるいは革製がおすすめ。

熊手・レーキ

竹製、金属製、プラスチック製があり、土を巻き込まずに、落ち葉や剪定ゴミの掃除をする際に便利。

移植ゴテ

下草や鉢植えの植えつけ、肥料を埋めるときなどに使います。手になじむ丈夫なものを選びましょう。

I 剪定の方法

ツリーガーデンを美しく保つためにも、木の健康のためにも剪定は最低年に一度は行うようおすすめします。基本のやり方を覚えて、取り組みましょう。

剪定は難しくありません

よく観察する

剪定は難しそう。そう思い込んでいる方も多いようです。でも、剪定を行う時期、どんな枝を切ればよいのかなどいくつかのポイントを押さえれば、難しくはありません。

まずやっていただきたいのが、樹木の観察です。枝葉が茂りすぎていないか、どちらか片方に傾いて伸びていないか、樹高が高くなりすぎていないかなど、チェックしましょう。

まずは切ってみる

最初は「こわごわ、少しずつ」でも、「とりあえずやってみよう」の精神で。剪定後の芽の伸び方や樹形の変化を観察しているうちに、剪定のコツがつかめるはずです。難しく感じたら、プロの方にお任せしましょう。

剪定をする理由

剪定は木のお手入れの基本。
その目的は大きくまとめると、これらの4点です。

樹形を整えて美しくする

美しい樹形を保つためには、剪定によって樹勢を整え、枝数を増やすなどの手入れが必要です。また伸びすぎた枝は切り戻し、全体のバランスを整えます。花木の場合、花つき、実つきをよくするためにも、剪定が欠かせません。

成長をコントロール

剪定せずに放置しておくと、樹種によってはどんどん伸びて、樹高が高くなりすぎる場合も。とくに一本立ちの場合は、そうなりがちです。最低一年に一度、木をじっくり観察しましょう。適正な樹形を維持するためには、剪定が不可欠です。

周囲の安全のため

剪定によって幹を太くし、木のバランスを整えることで、風雨で折れたり倒れることを防げます。枝が折れて隣家の車や家屋を傷つけたり、落下枝による怪我を防ぐためにも、適切な剪定が大切です。

通風と日照の確保

枝が込み合うと通風が悪くなり、中のほうが蒸れて、病害虫が発生しやすくなります。また中まで光が届かなくなるため、日照不足で枝枯れが起きてしまうことも。剪定で通風と日照を確保することで、健康が保てます。

剪定をしないとどうなるの?

樹高が高くなりすぎる

剪定せずに放置しておくと、早く伸びる木は5年で大木になります。木を育てる場合には、何mくらいに収めたいのか、あらかじめ考えておくことが大事。それを超える前に、剪定で枝数を増やして樹勢を分散させる、主幹の切り替えなどの手入れをしましょう。

植えつけ後、剪定せずに放置しておいたら、5年でアカシア'ブルーブッシュ'とティーツリーが樹高5m超えに。

アカシア'ブルーブッシュ'やティーツリーは3mくらいに収めることを想定して空間を計画。

風通しが悪くなり害虫が発生

枝葉が茂りすぎると風通しや日照が悪くなり、中のほうが蒸れてしまい、害虫がつきやすくなります。樹種にかかわらず、風通しがよく、中まで日光が通ることが健康に育てるうえで重要な条件。そのためにも剪定は大事な作業です。

茂って風通しが悪くなり、葉ダニがついたマホニア・コンフューサ(仕立て直しの方法はP163)。

樹形が乱れ不格好に

茂るにまかせておいた結果、風や光の影響で片方だけ偏って伸びるなど、枝が暴れて思いもよらない樹形になることがあります。日ごろから観察し、時々偏って伸びている枝を切り戻しするなど、剪定をすることで調整すると樹形が極端に乱れません。

低木として植えたマートル。予定の樹高より高くなりすぎたが、今からでも仕立て直して樹形を整えられる。

風を受けて樹形が傾き、一部が枯れてしまったティーツリー。窓から見た景色は素敵だが、傾きが限界に。

剪定のポイント

個性を生かす

その樹木は横に枝を張る性質があるのか、直立する樹形なのかなど、樹木の成長の仕方を知り、個性を生かした剪定を行うのが理想です。剪定で無理やり自然樹形からかけ離れた樹形にしようとすると、「その木らしさ」が失われてしまいます。

また、成長の速度を知り、なるべくこまめに剪定しましょう。

小さいうちから剪定を

剪定には、強剪定と弱剪定があり、強剪定は春先に行います。ただし強剪定は経験や知識が必要となります。年に一度強剪定するより、年に2～3回弱剪定を行って樹形や樹高をコントロールするのが理想です。

小さい苗木のころから、最低年に一度は弱剪定をしましょう。若い苗木は短期間にぐんと伸びることもあります。剪定によって分枝を促すと樹勢が分散し、木の成長が穏やかになり、育てやすくなります。

購入時に幹と枝が仕立てられていて、枝分かれが多いものを選ぶと、成長が緩やかで育てやすい場合が多く、剪定が容易です。

花木の剪定は花後に

花後に翌年の花芽をつくる木が多いので、花後すぐに剪定すると、翌年の花芽を摘む心配がありません。また、剪定によって翌年に花をつける枝に十分に栄養が回ります。

古木は慎重に

古木は樹勢が落ちているので、強剪定は負担が大きすぎます。必要以上に切り詰めないようにしましょう。

強剪定とは

ある程度太さのある枝を枝元から近い位置で枝抜きしたり、大量に枝を切るのが強剪定。常緑樹は春に、落葉樹は休眠期の秋の終わりに、木の生育を促したり樹冠を小さくするために行います。木の状態や樹種によって経験や知識を要するので、難しい場合はプロにお任せしましょう。

小さなうちから少しずつ剪定を

下の写真はアカシア・デアネイ。植えて3年で、こんなに大きくなりました。
植えつけた後、苗木のうちから少しずつ剪定をすることで、剪定の技術も身につきます。

適宜剪定を続けて、樹形と樹高を保っている。

剪定をしながら背を高くし、樹高約3mに。この高さを主幹の高さとする。

樹高50cmほどのアカシア・デアネイ（四季咲きミモザ）を植えつけ。

弱剪定の種類

［切り替え剪定］

樹冠の大きささを小さくする場合や見苦しい枝を新しい枝に切り替えるための剪定。短い枝を残し、長い枝を落とすことを切り替え剪定、または更新ともいいます。切った枝が目立たないように配慮して行います。

目的
- 樹冠の調整
- 樹形を整える

アカシア・デアネイの切り替え剪定を行なっているところ。

長く伸びた枝を赤い印のところで切る。

自然に見えるように剪定すると、短い枝が伸びても美しい樹形になる。

［枝透かし剪定］

枝どうしがぶつかってしまう場合、近い位置で同じように枝が生えている場合、枯れ枝など、不要な枝をつけ根から切る剪定。全体の枝数が減るので、風通しがよくなります。芽を残さないので、新芽は発生しにくくなります。

目的
- 風通しをよくする
- 全体の樹形を整える

クスノハカエデの枯れ枝を枝透かし剪定。

切り残しがあると、美観を損ねるだけではなく、そこから枯れ込む原因にも。

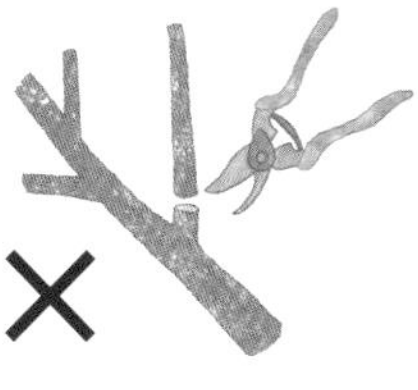

枝透かし剪定は、このように切り残しがないように切る。

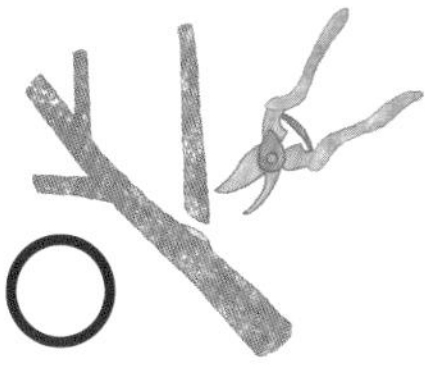

［切り戻し剪定］

枝先を切り落とすことを切り戻しといいます。芽や葉の上で切るのが基本です。この剪定を行うと枝数が増えます。ただ花芽ができた後に行うと、その年の花が少なくなります。

目的
- 樹勢の調整
- 枝を分枝させ、枝数、花芽を増やす

ハイノキの切り戻し剪定を行っているところ。伸ばす枝と切り戻して分岐させる枝を見極めてハサミを入れる。

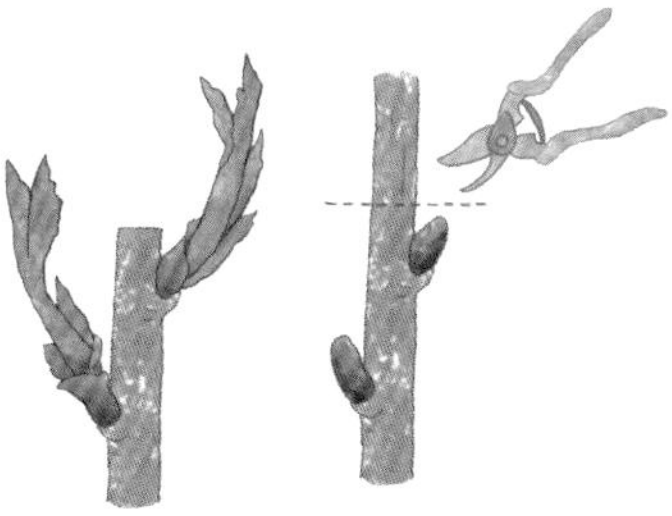

芽や葉のつけ根のちょっと上で切ると、切ったところから新しい枝が伸びてくる。

太い枝を切る際の注意

太い枝を切ると反発が

太い枝をバッサリ切ると、反発して切り口付近から細い枝（ヤゴ）が何本も出て、ぐんと伸びます。そうならないためにも、枝が想定以上に育つ前に剪定したいもの。大きく樹形を変える場合は、強い刺激を与えないよう数年かけて少しずつ剪定を。

切り口に癒合剤を塗る

切り口が直径2cm以上になる場合は、水分の蒸発を防ぎ、雑菌やウイルスが入り込まないよう、切り口に癒合剤を塗りましょう。

癒合剤

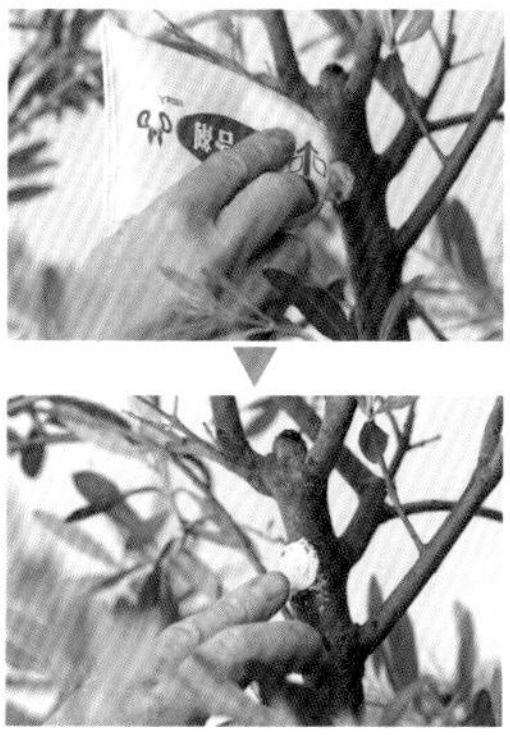

まずは不要な枝のチェックを

剪定をする際は、まず不要な枝を取り除くことから始めます。このページで紹介しているのは、「忌《い》み枝《えだ》」「不要枝《ふようし》」などと呼ばれ、取り除いたほうがよい枝とされています。

ただし枝数が少ない木の場合や、ナチュラルな雰囲気を出したい雑木の場合は、不要枝を残すこともあります。全体のバランスを見て、判断しましょう。

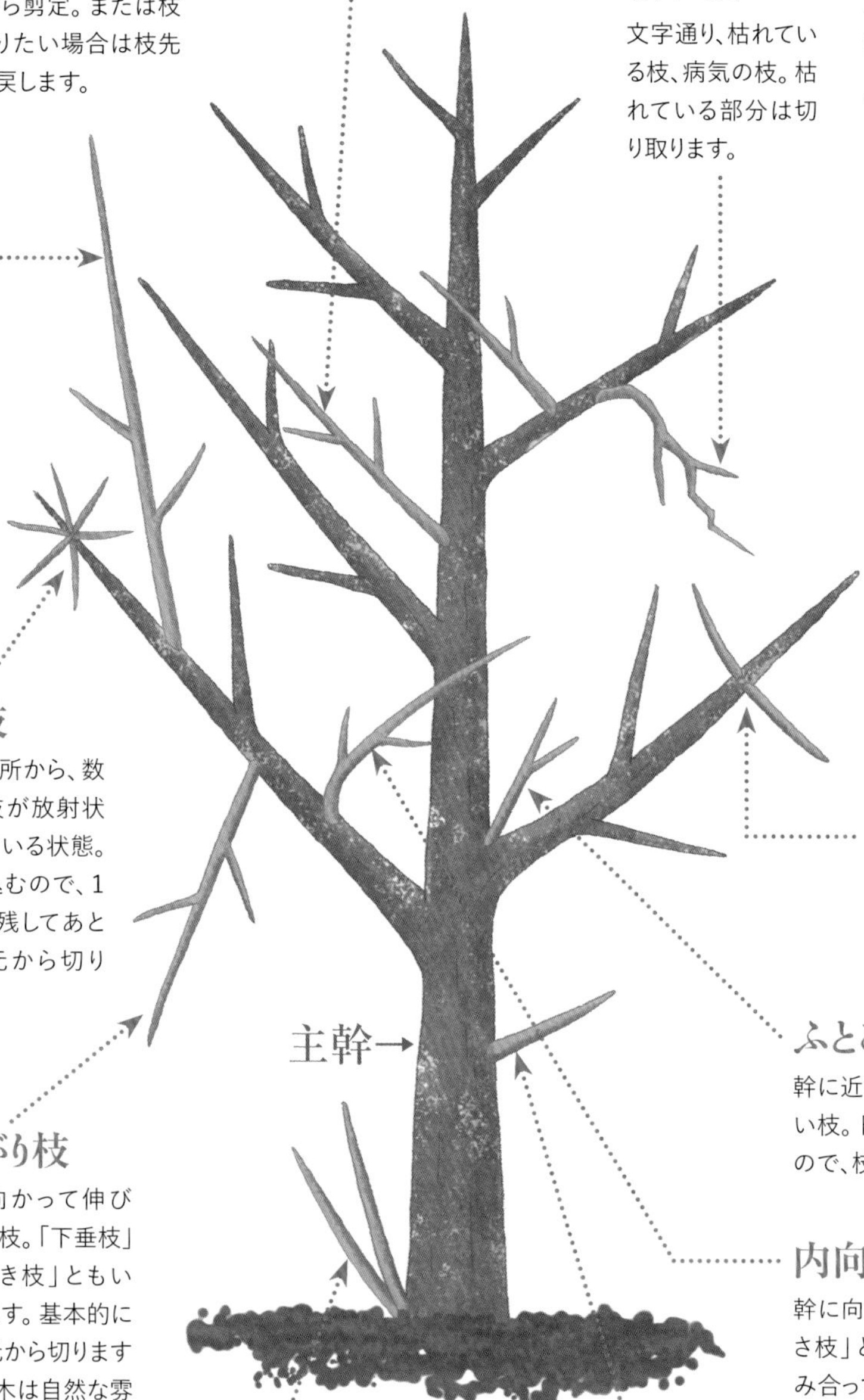

徒長枝《とちょうし》

今年伸びたぐんと飛び出した枝。他の枝に比べて極端に勢いがよく、樹形が乱れる原因となるので枝元から剪定。または枝をつくりたい場合は枝先を切り戻します。

平行枝

近い場所で、同じ方向に同じような太さで平行に伸びている枝。バランスを見て、どちらかの枝をつけ根から切ります。

枯れ枝

文字通り、枯れている枝、病気の枝。枯れている部分は切り取ります。

車枝

同じ箇所から、数本の枝が放射状に出ている状態。枝が込むので、1～2本残してあとは枝元から切ります。

かんぬき枝

幹や枝を貫いて左右から伸びている枝。どちらかの枝を根元から切ります。ただし枝数が少ない場合は、残すことも。

ふところ枝

幹に近いふところ部分から出ている新しい枝。日光や風通しを妨げる原因になるので、枝元から切ります。

下がり枝

下に向かって伸びている枝。「下垂枝」「下向き枝」ともいわれます。基本的には根元から切りますが、雑木は自然な雰囲気を出すためにあえて残す場合もあります。

内向き枝

幹に向かって内側に伸びている枝。「逆さ枝」ともいいます。樹形を乱したり込み合っている場合は剪定します。

胴吹き枝

木の幹から直接生える細い枝。枝をつくる場合を除いて、枝元から切ります。枝が少なくなりすぎないように、空間がある場所に出た胴吹きは枝先を切り戻し、枝をつくることもできます。

ひこばえ

幹の根元あたりから出る新梢。主幹の勢いを削ぐので、基本的には地際から切りますが、株を更新する場合は残します（P 149参照）。

不要な枝の切り方

[平行枝]

同程度の太さの枝が同じ方向に伸びている場合、全体の枝ぶりや樹勢を見て、込み合うようなら1本切るなどします。

[徒《と》長《ちょう》枝《し》]

極端に勢いよく伸びている今年の枝。放置すると樹形を乱す原因になるので、必要なければ枝元から、枝をつくりたい場合は枝先を切り戻します。

[ひこばえ]

基本的には地際ぎりぎりで切ります。枝をつくりたい場合は枝先を切ります。

ひこばえを残す場合

株立ちの木で幹の数を増やしたい場合や、古くなった幹を新しい幹に更新させたいときは、あえてひこばえを残し、伸ばして新しい幹にします。

ユキヤナギの例。たおやかな樹形を保つため、太くなりすぎた幹を根元から剪定し、新しく地際から出てきたひこばえを伸ばす。

[枯れ枝]

放っておくと風で折れたり、場合によっては枯れが進む場合もあります。枯れて葉がなくなっている部分の下あたりで切り、様子を見ます。

枯れ枝を残して様子を見る場合

いずれ切ることになりますが、木全体が枯れているのかどうかを見極めるため、春の芽出しを待ち、枯れ枝を残して様子をみる場合があります（P167参照）。

水切れで上のほうが枯れてきたモミジ。剪定は、翌春の芽の出方を見極めてから。

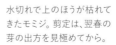

III 人気の樹木の剪定法

メインやサブの木として人気の樹種を取り上げ基本的な剪定方法をご紹介。剪定の目的や現在の木の状態に合わせて、参考にしてください。

オリーブ

幹や枝がやわらかく、枝は育つと垂れ、よく芽吹きます。品種により縦型・横型樹形があります。3～5月に花芽がつくられ、その年に咲くので、3月に仕立てたい樹形をつくります。

剪定のポイント
このオリーブは枝数が多いので、一年で葉数がとても増えます。切り替え剪定、枝透かし剪定を中心に樹冠を整えます。

CASE 1

枝数が多い木で雪の重みで前傾している

枝葉が茂り、中の枝の日照や風通しが悪い状態に。
さらに雪の重みで前傾してしまったので、
ひとまわり樹形を小さくします。

前回の剪定から1年後。だいぶ茂ってきた。

内側の枯れ枝や細すぎる枝を取り、伸びすぎた枝を切り戻し剪定。

CASE 2

苗木を植えたまま剪定しなかった場合

植えたばかりの若い苗木は、短期間でぐんと伸びがち。
剪定せずに伸びすぎたら、数回剪定を繰り返し、仕立て直しましょう。

樹高約1mの苗木を植えつけ。

剪定せずに放置しておいたら、樹高が3mを超え、枯れ枝が出てしまった。

徒長枝を剪定し、切り戻し剪定で整える。今後はよい枝が出たら残し、枝数を増やしていく。

剪定のポイント まず徒長枝などを抜き、樹形を整えます。その後適宜切り戻しと枝透かし剪定をし、よい枝が出たら残して枝数を増やします。

••• CASE 3 •••

木が傾いてきたので直したい

高さ3mくらいの縦に伸びるシプレッシーノ。風や光の具合で斜めに伸び始めたので、剪定でバランスを取ります。早めに剪定することで、傾かずに育てられます。

枝が傾き、頭が重い印象。

切り戻し剪定

上方の傾いている太い直角の枝を、枝元から切る。

切り取った枝の分量はこのくらい。

ぐっと頭が軽くなった印象。この後、左に飛び出した枝は切り戻し剪定する。

癒合剤で手当て

切り口の面積が大きいので、切り口に癒合剤を塗る。

隙間ができないよう、癒合剤を指で伸ばす。

傾いている部分の太く強い枝を枝抜き剪定し、伸びすぎた枝を切り戻し剪定する。

全体のバランスが取れ、樹形も整っている。ここで長く伸びた枝があれば、切り戻すようにするとよい。

剪定のポイント

オリーブは枝や幹がやわらかく、この樹種は縦に伸びる性質です。木を建物近くや、一方から日が当たる場所に植える場合、一年に一度は主幹がまっすぐ育っているか確認しましょう。

アカシア，ブルーブッシュ

春に咲く黄色の花とシルバーリーフが美しい品種。5mを超えることもある品種なので、小さく仕立てたい場合は剪定は必須です。仕立てたいサイズに合わせて、剪定しましょう。

••• CASE 1 •••

鉢植えをこんもり茂らせたい

刈り込みに強い品種なので、剪定でこんもり丸く
トピアリーのような形にまとめることもできます。

剪定のポイント
剪定適期は花の直後。枯れ枝、長く垂れた細い枝は切り戻し、樹冠から出た枝は半分くらいに。

剪定で丸くこんもりした樹形に。

つんつんと枝が伸びた状態。樹形を整えるために、伸びた枝は刈り込む。

••• CASE 2 •••

剪定のポイント
小さくて若い苗は幹がやわらかいので、主幹をがっしり育てるのがコツ。この例では、枝が長く、垂れて枝先が分枝しはじめたので、切り戻しをして主幹近くで分枝を促します。

植えたばかりの苗の樹形を整えたい

5mになる木を1〜2m程度に育てる場合は、剪定が必要です。
剪定で分枝を促し、葉数が増えると風に揺れた葉が美しく、
小さくてもアカシアらしくなります。

分枝が進み、新しい芽が伸びて、バランスが取れている。成長も緩やかに。

垂れる枝がなくなり、バランスが取れた状態に。

ひょろっと伸びて垂れている枝は、切り戻し剪定をする。

アカシア・デアネイ

コンパクトに仕立てやすく、淡い黄色の花がつく四季咲きのアカシア。新梢に花芽がつくので、花が咲いた後に剪定すると、赤みがかった幹が見えるようになり、緑との対比が美しくなります。

樹高と樹形をコントロール

基本的に切り戻しで分枝させて樹形をつくります。
垂れる葉が美しい木なので、極端な下がり枝や内向き枝などの不要枝を枝透かしします。

4月：剪定前

葉が茂り花つきが悪くなってきている。花芽を促すためにも、剪定を。

剪定後

垂れる姿の美しさを生かし、極端な下がり枝や内向き枝を見極め剪定する。

8月：開花

剪定後の新梢に、淡い黄色の花が満開に。

9月：剪定前

花が終わったところ。今年の花が咲いた枝を剪定。

剪定後

春の剪定でだいぶ整ったので、弱剪定を行う。

剪定のポイント①

張り出した枝は長いほうを切る（切り替え剪定）

▼

張り出した部分を調整するには、長いほうを切ると樹冠が小さくなる。

剪定で切り落とした枝の量。

剪定のポイント②

不要枝を切る

極端な「下がり枝」や「内向き枝」は切り替え剪定をするか、枝元から切り取る。

シマトネリコ

温暖な地域では庭植えも可能になったシマトネリコは、明るい色の小葉で、軽やかな印象の木。若木は成長が早く茂りやすいので、剪定で枝をつくり葉の軽やかさを保ちましょう。

•••CASE 1•••

庭植えする前に剪定をしておく

若木は成長が早いので、苗を庭植えする前に剪定をしておくのがおすすめ。
植えつけ後、芽が伸びると同時に分枝を促して、早く樹形をつくることができます。

剪定のポイント
分岐した枝の、枝元から数えて2節か3節目でカットします。春にこの剪定をしておくと、カットした節からまた対生の枝が出ます。

この段階で切り戻し剪定しておくと、植えつけ後分枝して枝数が増える。

春に植えつけする株立ちの苗木。新芽が多くつき、エネルギーがある。

•••CASE 2•••

樹高と樹形をコントロール

半日陰に植えた木を、生活動線部分のみ剪定していました。
樹高が高くなりすぎると剪定が大変になるので、主幹を剪定します。

剪定のポイント
樹高が決まる主幹を30cmほど切り替える「芯止め」剪定を行っています。他の枝に栄養が流れやすくなるので、木のバランスを整えることができます。全体的に枝透かし、切り戻し剪定をします。

主幹の切り替え剪定をし、全体に切り戻し剪定を。枝が少なめなので、必要なところに出た枝は育てる。

上のほうがつんつん伸び、茂り方がアンバランスになっている。

ユーカリ・グニー

ユーカリの中では耐寒性が強いので、育てやすい品種です。成長が早く、放っておくと25m程度までどんどん伸びるので、こまめに剪定し、こんもりと仕立てます。

幹を太くしてこんもりと仕立てる

駐車場の間仕切りにサブツリーとして植えているので切り戻し剪定でこんもりとした樹形を目指しています。主幹を切る「芯止め」を行い想定樹高を2mとします。

50cmの苗を植えて2年後

まだ樹形が安定していない。今後剪定で樹形をつくっていく。

剪定のポイント

「芯止め」

主幹の頂点にある枝の成長点を止めるため、芽出し後の中心の軸をカットすると自然な樹形になります。

剪定2カ月後

再び主幹が伸び、樹高が高くなりすぎに。また、枝がかなり伸びており、このまま放置すると樹形が崩れるおそれがある。

再剪定

樹冠を整える

左に傾いて伸びた枝など樹冠から出た枝を、こまめに再剪定。この作業を繰り返します。

横に伸びた枝を切り戻しする

枝数を増やすため、横に伸びた枝を切り戻し剪定。

剪定後

切り戻した部分から分枝し、幹も太くなり、風の影響も受けなくなった。

グレビレア

オーストラリアンプランツのグレビレアは、250種以上あるともいわれています。針金細工みたいな花が素敵で、さわやかな葉も魅力。カラーリーフとしても楽しめます。

CASE 1

こんもり小さく仕立てる

細いシルバーリーフが特徴で小型の
グレビレア'エンドリチェリアナ'。
枝が直線に伸びる性質ですが、刈り込んで
葉数を増やすとこんもりとしたカラーリーフに。

剪定後

刈り込み剪定でこんもりと。ニューサイランなど他の植物のボリュームを見ながら剪定。

剪定前

わさわさと茂り、他の植物が埋もれて見えなくなっている。

剪定のポイント 日照不足で内側の葉が枯れて黄色くなります。枝透かし剪定で日照と風通しを確保しましょう。

CASE 2

存在感を出しながら育てる

立ち性タイプのグレビレア。
葉が茂りすぎて
内側に陽が当たらず、
花つきが悪くなります。
日照と通風を考慮し、
枝透かしと切り替え剪定を。

剪定のポイント

剪定は花が咲いた後に。細い枝や内側の小枝を残し、切り替え剪定をします。スペースに応じて、主幹を剪定して樹高を調整します。

剪定後

花が終わった後、枝透かし、切り替え剪定を。

剪定前

茂りすぎた結果、内側に日が当たらなくなっている。

マートル

ハーブとしても活用されている常緑低木。生育旺盛でひこばえや徒長枝が多く出ます。風通しが悪くなると、さび病になることもあります。

切り戻し剪定で風通しよく

写真の例ではスリムな樹形に
仕立てています。
マートルは樹高を抑えて
仕立てることもできます。

剪定のポイント

花後主幹を調整し、切り戻し剪定で樹形を整えます。徒長枝やひこばえは、不要であれば適宜剪定しましょう。

剪定前

枝葉が茂り、風通しが悪くなった状態。

剪定後

適度に切り戻し剪定を。

ユッカ

鋭角の葉が空に向かって力強く伸びるワイルドな姿が好まれます。

すっぱり切って樹高をコントロール

年数がたつと茎が伸びて、手入れが難しくなりがち。
ここで分枝してほしいと思う場所で切り
樹高を調整します。

剪定のポイント

剪定の適期は初夏。太い枝は手ノコで切り、切り口には癒合剤を塗ります。切った枝は挿し木することもできます。剪定する際は葉を数枚残しましょう。

剪定前

伸びてしまい、今後これ以上伸びるとバランスが悪い。

剪定後の切り口の様子

葉を数枚残し、分枝を望む場所で切り、切り口に癒合剤を塗る。

剪定翌年

切った脇から分枝し、新しい葉が出た様子。

植栽全体の剪定

花後や初夏にぜひ行いたいのが、植栽全体の剪定です。茂ったままの状態で梅雨や夏を迎えてしまうと、蒸れて病害虫の原因になります。全体を風通しよくし、内側の日照や通風を確保しましょう。

　植栽全体の剪定では、木の高さの調整も行います。メインの木に対してサブが大きくなりすぎている場合は、剪定でバランスを整えます。

メインの木は中央のカラタネオガタマ。全体にどの木も茂りすぎで、重苦しい印象に。

風通しもよくなり、光も入る状態に。キンシバイは垂れすぎた枝を中心に剪定した。

剪定のポイント

常緑のカラタネオガタマはかなり茂り、通風が悪い状態に。徒長枝には花芽がつきづらいので、枝透かし剪定を行います。アデナンサスは、メインのカラタネオガタマとバランスを取って、切り戻しをして枝数を増やします。

つる性植物の剪定

つる性植物は生命力が旺盛なものが多く、あっという間に茂りすぎてしまいます。つるの上につるが重なり、クッション状になることも。写真のヤマホロシも伸張力が強いので、春か秋に強剪定を行い、誘引し直します。春に切っても、その年に伸びた枝に花芽がつくので、夏にたくさん花が咲きます。花芽分化の時期を知り、剪定してみましょう。

2月の状態。フェンスからはみ出して、地面にまで伸びている。

剪定して、誘引し直したところ。

半年後に開花。花後には再剪定を。

剪定の方法

1 枯れている枝は枝元から切る。

2 古枝は枝元から切り、つるを更新する。

3 何重も重なっているつるは、はがして間引く。

4 フェンスの上に伸びたつる（徒長枝）も切る。

5 徒長枝を剪定したところ。

6 枯れ枝を整理し、枝は全体に日が当たるようにする。

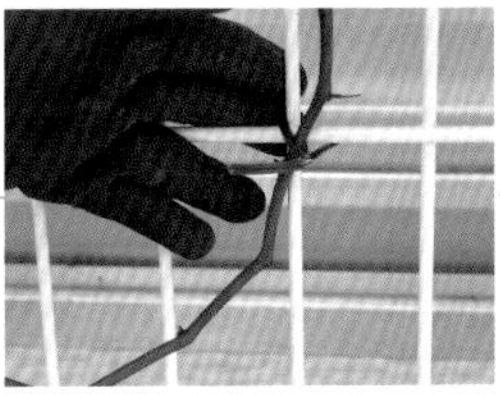
7 ところどころワイヤーでフェンスに誘引する。

8 この塊を3つ分くらい切り取った。

図鑑

つる性植物

育てやすく美しい
おすすめのつる性植物を選びました。
フェンスや壁などに誘引すると
構造物と引き立て合い
イキイキしたシーンをつくれます。

ノブドウ

科名：ブドウ科／**性質**：落葉つる性木本
つる伸長：1～5m／**開花**：7～8月／**結実**：8～11月

日本全国の山野に自生しています。初夏の花は小さく目立たないですが、秋には薄緑、青、紫、ピンクの美しい実がなります。園芸品種は、斑入り葉の流通が主です。

栽培管理のポイント

栽培は容易で、明るい日陰が適所。よく茂るので、適度に剪定を。ハダニがつくことがあるので、見つけたら早期に対処しましょう。

フジ

科名：マメ科／**性質**：落葉つる性木本
つる伸長：10m以上／**開花**：4～6月／**結実**：9～10月

古くから親しまれてきた花木で、春に紫～白色の長い花房を下げるさまは華麗そのもの。花房が90cmを超えるものもあります。

栽培管理のポイント

日当たりのよい場所を好みます。藤棚以外にも、塀に誘引したり、ポール仕立ても可能。7月には花芽がつくられるので、6月中に長く伸びたつるを切り、晩秋に翌年の花芽を確認して、樹形を整えます。

オランダヅタ／ヘンリーヅタ

科名：ブドウ科／**性質**：落葉つる性木本
つる伸長：10m前後／**開花**：6～7月／**結実**：9月

吸盤を持った吸着根で壁などを上り、壁面を彩ります。新緑、秋の紅葉と季節ごとに美しく、紅葉と黒い実との対比も魅力です。ヘンリーヅタは斑入り種もあり、やや寒さに弱いので、場所を選んで植えましょう。

栽培管理のポイント

壁などに這う性質のため、スペースに合わせてコントロールをしましょう。

クレマチス／テッセン

科名：キンポウゲ科／**性質**：落葉つる性多年草
つる伸長：0.2～2m／**開花**：4～10月／**結実**：8～11月

新枝咲き、旧枝咲き、新旧両枝咲きなどさまざまな系統があり、花期も違い常緑のものもあります。花も釣り鐘状の小花から大輪のものまでさまざまです。

栽培管理のポイント

葉のつけ根に5～10月に花芽がつくられます。剪定は花が8割くらい咲いたら行うのが一般的。両枝咲きは、根元の2～3節を残して剪定します。

テイカカズラの仲間

科名:キョウチクトウ科
性質:常緑つる性木本/**つる伸長**:2〜10m
開花:5〜6月(テイカカズラ)/**結実**:9〜10月(テイカカズラ)

山野に自生するテイカカズラをもとに、さまざまな葉色を楽しめる園芸品種がつくられ、いずれも強健です。テイカカズラの花は風車のような形で、甘い香りがし、秋には常緑ながら、葉が色づきます。

栽培管理のポイント
フェンスなどに絡ませるか、刈り込んで玉仕立てで育てます。

甘い香りを漂わせるテイカカズラの花。

ゴシキカズラ(初雪カズラ)
新葉は白く、若い梢は紅色を帯びます。晩秋に赤く紅葉します。

オウゴンカズラ
新芽がオレンジ色になり、華やかな葉色が特徴です。

斑入り細葉カズラ
写真は斑入りの品種。やや波打つ希少種のチリメンカズラもあります。

オオイタビ(プミラ)

科名:クワ科/**性質**:常緑つる性木本/**つる伸長**:2〜4m
開花:5〜7月/**結実**:10月

オオイタビは日本に自生。寒さに強く、茎から出る気根で壁などを這いあがります。園芸品種のプミラも暖地では庭植え可能。近似種です。

栽培管理のポイント
虫もつきづらく、過酷な環境にも耐える丈夫な植物。広がりすぎないよう範囲を決めて、増えすぎたら適宜取り除きます。壁に這い損ねて垂れ下がったら切りましょう。

ナニワイバラ

科名:バラ科/**性質**:常緑つる性木本
つる伸長:2〜10m/**開花**:5月/**結実**:9〜10月

常緑で大きな一重の花をたくさんつけるので人気。広いスペースでダイナミックな演出をすると、花がさらに引き立ちます。丈夫で育てやすい品種です。

栽培管理のポイント
花後に徒長枝が多く出るので、切り戻しをしましょう。剪定は12〜1月。古い枝は株元から切り、更新させます。日当たりが悪いと花つきが悪くなるので注意。

ムベ(トキワアケビ)

科名:アケビ科/**性質**:常緑つる性木本
つる伸長:3〜7m/**開花**:6〜7月/**結実**:10〜11月(食用)

大きく肉厚な葉は形が美しく、生垣やフェンスに絡ませると趣があります。秋になる紫色の実は、アケビのように裂開しませんが、甘くて美味。

栽培管理のポイント
やや耐寒性は弱いですが、栽培は容易です。日当たりのよい場所でフェンスなどに誘引し、込みすぎた部分はつるを抜いて整理します。

ヘデラ(アイビー)

科名:ウコギ科/**性質**:常緑つる性木本
つる伸長:3〜10m/**開花**:6〜7月

壁面緑化によく使われる、強健なつる性植物。環境に適応しやすいため、多くの園芸品種が栽培されています。

栽培管理のポイント
過湿がすぎるとハダニが発生するので、風通しをよくし、やや乾燥気味に育てるように。生育が旺盛なので、育ちすぎないよう、こまめに剪定することをおすすめします。

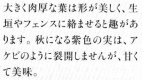

ハゴロモジャスミン

科名：モクセイ科／**性質**：半常緑つる性木本
つる伸長：3～5m／**開花**：3～5月

春早い時期から咲き始める芳香の強い花は、つぼみのときは赤く、開花すると白に。細長く細かい葉もやわらかい印象で、花以外の時期も楽しめます。

栽培管理のポイント

花がらが茶色くなったらつるを半分くらいに剪定。新梢が伸びるとともに花芽がつくられます。冬にハウス栽培の苗を植える際は、根鉢の土を崩しすぎないように。

ツルハナナス／ヤマホロシ

科名：ナス科／**性質**：半常緑つる性木本
つる伸長：3～4m／**開花**：5～9月／**結実**：10月

南米原産種はツルハナナス、日本原産はヤマホロシと呼ばれ、ヤマホロシは葉に切れ込みがあります。房状に咲く星形の花は、咲き始めは薄紫色で、咲き進むと白に。葉もやや紫色を帯びます。寒冷地では冬に落葉します。

栽培管理のポイント

日当たりのよい場所を好み、栽培は容易。生育旺盛なので、秋に古枝を整理して、剪定します。

カロライナジャスミン

科名：ゲルセミウム科／**性質**：常緑つる性木本
つる伸長：5～7m／**開花**：4～6月

いわゆるジャスミンとは別の種で、初夏にジャスミンに似た香りのある黄色い花をたくさん咲かせ、フェンスなどを一面に覆います。葉は常緑ながら、晩秋から紫を帯びます。

栽培管理のポイント

耐寒性・耐暑性があり丈夫です。花後8月頃に伸びたつるの葉のつけ根に、翌年の花芽がつくのでつけ根を残して切ります。

モッコウバラ

科名：バラ科／**性質**：常緑つる性木本
つる伸長：6～7m／**開花**：4～5月

一般的なバラよりやや早い時期に白い小花があふれるように咲きます。黄花のキモッコウバラも人気。トゲがないので扱いやすく、丈夫で育てやすいバラです。

栽培管理のポイント

日照を好み、半日陰では花つきが悪くなります。徒長枝は随時枝元から切ります。花後の新梢に翌年の花芽がつくので、枝先のみ剪定して誘引します。

コトネアスター

科名：バラ科／**性質**：常緑低木
樹高：0.3～2m／**開花**：5月／**結実**：10～1月

地面を這うように広がる樹形は特徴的で、庭のポイントになります。かわいい花と赤い実も、個性的な葉形の植栽によく合います。

栽培管理のポイント

栽培は容易で、明るい場所で育てると花つき実つきもよくなります。刈り込んでもよいし、自然に枝垂れる位置に植えて大きく楽しむのも魅力的。長尺になる'オータムファイヤー'はつる性です。

スイカズラ（ハニーサックル）

科名：スイカズラ科／**性質**：半常緑つる性木本
つる伸長：2.5～8m／**開花**：5～6月／**結実**：9～12月

2色の色が混ざるように咲く品種が多く、甘い芳香があります。山野でもよく見られ、庭に加えるとナチュラルな雰囲気に。園芸品種のハニーサックルには、さまざまな花色のものがあります。

栽培管理のポイント

フェンスやアーチなどに誘引するのが一般的ですが、他の木に誘引するのもおすすめ。花が咲くと迫力がある光景になります。

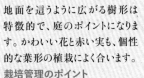

トラブル解決に
剪定が役立ちます

あなたのお悩みに、お答えします

木が傾いてしまった、枯れかけているなど、木に関する悩みは
状況によっては剪定で解決できる場合もあります。
どんなときに剪定が役立つのか、実際のお悩みから見ていきましょう。

Q 樹形が乱れハダニがついたマホニア。どうすればよいでしょう。

A いったん根元近くから切って仕立て直します。

この例のマホニア・コンフューサは、放置しておいたため枝葉が茂り、ハダニがついたのも、込み合って蒸れたのが一因でしょう。

マホニア・コンフューサやティーツリー、マートルなどはとても丈夫な植物なので、春から初夏の気候のよい時期なら、思い切って剪定しましょう。ただし葉がすっかりなくなってしまうと光合成ができなくなるので、葉を残すのがポイント。木の健康状態を見ながら無理なく、何回かに分けて剪定しましょう。葉の上の芽からやがて新しい枝が出て、木を更新することができます。

すべての木を、根元近くの枝を残し、仕立て直す。

マホニアは新しい葉を出し、ティーツリーも小さくまとまった。

茂ったマホニア。奥のティーツリーも傾いている。奥手前の常緑樹はマートル。

Q オリーブが斜めに伸びて傾いてしまいました。樹形を直せますか？

A 数回の剪定と支柱立てで仕立て直しが可能です。

細い通路が風の通り道になっているため、風の影響で傾いてしまったようです。また、日照の影響もあり、徒長枝が出て偏って伸びています。こういった場合、いったん乱れた枝を切って樹形を仕立て直し、その後弱剪定を数回行って分枝を促します。この先、枝数を増やしてこんもりと育てると風の影響を受けにくくなり、花も期待できます。

仕立て直しの方法

❶剪定をする

1 徒長枝や間に葉がない部分がある枝は、葉を数枚残して切り戻す。

2 他のひょろっと伸びた枝も同様に切り戻す。

3 枯れた枝は、枝元から切る。

4 枝ぶりを見ながら、不要枝を剪定する。

5 右側の偏って伸びた枝は、切り戻す。切る場所は、芽の上が基本。

6 同じところから2本出ている場合、長いほうを切り、切り替える。

剪定終了

今回はここまでで、芽が吹いたら次回再剪定する場所も見極めておく。

❷支柱を立てて肥料を与える

1 土中の根もアンバランスになっているので、長い支柱を根元近くに立てる。

2 麻ひもで支柱と幹を結束する。強く巻きすぎると幹に食い込むので注意。

3 根元近くは短い支柱を立て、長い支柱と結束して安定させる。

4 根元からやや離れたところに穴を掘り、肥料を施す。

支柱は3本使用。

❸2〜3カ月後再剪定を

1 葉数が増えて元気になった。右に曲がる傾向があるので、右側を切り戻す。

2 左側を浅く切り戻し剪定し、分枝を促す。

左右のバランスを見ながら、数年かけて仕立て直していく。

Q 虫がつき偏って伸びている鉢植えのシマトネリコ。樹形を直せますか？

A 鉢の向きを変え剪定で樹形を修正できます。

建物の前に置いた鉢は常に一方向から光を受けるため、光に向かって伸びてしまいます。また建物に面した部分は通風と日照が悪く、カイガラムシがついてしまいました。まずは鉢の向きを変えること。それから樹形を修正し、新しい枝が伸びたところで、数カ月後に再剪定をして整えます。可能であれば半年に一度くらいの割合で鉢の向きを変えることをおすすめします。

❶ 向きを変える

植木鉢の向きを回転させ（この場合90度）、建物側だった部分に光が当たるようにする。

❷ 剪定

枯れた枝は枝元から切り、全体に切り戻し剪定をし、新しい芽が出るのを促す。

❸ 2〜3カ月後再剪定を

新しい芽が伸びて、元気に枝葉が茂っている。ここで切り戻しと切り替え剪定をし、枝数を増やしつつ風通しをよくする。

剪定を終えたところ。年によって生育旺盛なときは、年に数回こまめに剪定を行う。

Q 水切れで枯れかけたオリーブとヤマモミジ。諦めるしかないですか？

A 春まで様子を見てから剪定を試みましょう。

鉢植えの木は、夏に水切れを起こしがち。水切れした結果、下のオリーブの例のように葉が落ちてしまったり、ヤマモミジの例のように枯れ込む場合があります。ただし木全体が枯れていなければ、剪定によって再生できる場合もあります。その際、あわててすぐに剪定せず、翌年に新しい芽が出るかどうかを見極めます。翌春、芽が出ない部分はすでに枝が枯れているので、その部分を切り戻し剪定します。最初は樹形が不格好ですが、そこから仕立て直しをし、樹形を整えます。枝が少なく寂しい場合や、野性的な樹形にしたい場合は、あえて枯れ枝を残しておいてもよいでしょう。

オリーブ

葉先が三角に枯れ、葉がどんどん落ち、どの枝が生きているのかわからなくなっている。

翌春の様子。芽が出はじめ、葉がないところがある枝は、葉を数枚残して切り戻し剪定する。必要なければ枯れ枝は枝元から切り取る。

分枝が進み、新しい枝葉が出て元気を回復。

ヤマモミジ

上のほうから半分くらい、枯れ込んでいる。

上部2/3は芽が出ず、枝が枯れている。今回は手ノコで切る。

成長が緩やかだが元気なので、次回は翌春芽に勢いが出てきたら剪定し、樹形を仕立てる。

III 日常の管理

ツリーガーデンの管理は、それほど大変ではありません。日ごろよく見ていると、植物が「してほしいこと」が見えてきます。植物の声を聴いて、お世話しましょう。

これだけはやりたい樹木の手入れ

[水やり]

庭植え　「土の表面が乾いたらたっぷりと土にやる」が基本。とくに植えたばかりの苗木は水やりが必須。根の位置を想像して四方から水やりをします。水やりは朝がベスト。夏は、気温が高くなる日中の水やりは避け、夕方にやってもかまいません。冬も一週間に一度も雨が降らない場合は、水やりをすると安心です。

鉢植え　土が常に湿った状態にならないよう、土の表面が乾いたら鉢底穴から流れ出るまでたっぷりと水をやると、水もちがよくなります。夏や風が強い日も乾きやすいので注意しましょう。

[肥料]

肥料の種類　肥料には液体肥料と固形肥料があります。液体肥料は即効性があり、固形肥料はゆっくり長く効きます。液体肥料は水やりと同時に施せるので手軽にでき、固形肥料は半年に一回程度なので忙しい方におすすめです。

元肥と追肥　元肥は植えつけの際、土壌改良のために行うもので、有機肥料を土にすき込むのが基本です。追肥は、すでに根づいた木に施す肥料のこと。植えつけ1年後くらいから、花つきや実なりをよくするために春先か冬の間に寒肥をするのもよいでしょう。花や実がなる樹木は花や実の後に「お礼肥」を。

適量を守る　肥料をやりすぎると肥料やけをし、植物が枯れる場合があります。植物の様子を見ながら注意書きをよく読んで適量を守りましょう。夏は木にとって負担が大きいので、鉢植えの肥料は春か秋がよいでしょう。

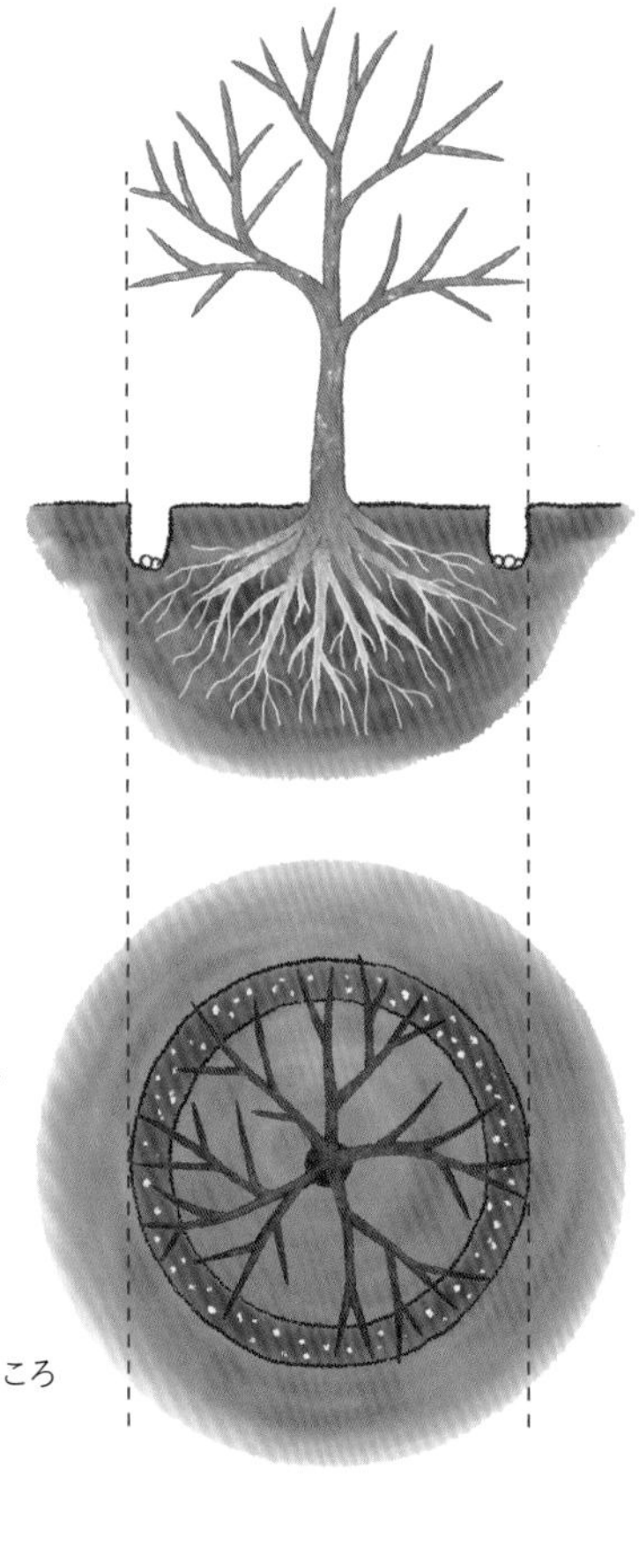

庭木の追肥は根元から離れた樹冠の下、根の先端部分に深さ10㎝くらい穴を掘り、4～5カ所、または輪状に、適正量を守って与える。

上から見たところ

［除草］

春先から秋口までの間に除草すると、雑草に養分をとられず、大きく丈夫に育ちます。また雑草が茂ると美観を損ねるだけではなく、害虫の住みかになることもあるので、最低限の除草はしたいものです。

［掃除］

落ち葉が溜まると湿気で害虫やキノコが発生しやすくなるので、こまめに掃除しましょう。冬に休眠する山野草などの土に落ちた葉は霜除けになるので、そのままにしておいてもかまいません。

晩秋は落ち葉の季節。コンクリート部分に散った落ち葉は、早めに掃除を。

［支柱を縛り直す］

支柱を立てている場合、幹が太ると、ひもが幹に食い込んで傷つけてしまいます。そうならないよう、年に一回は縛り直しましょう。

左側の幹は支柱を縛り1年で麻ひもの跡がついている。最低1年に1度は縛り直しを。

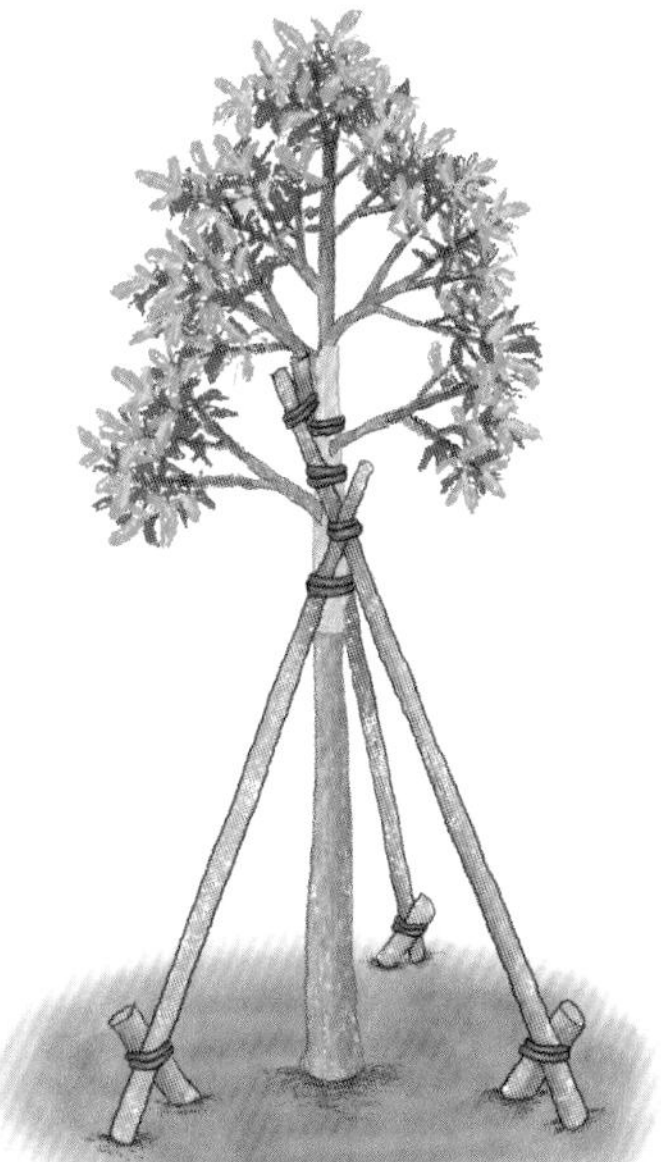

支柱の立て方

2mを超える一本立ちの木や、風がよく吹く場所に植える際は、支柱を立てると安心。一本立ちの場合は3本支柱を立てると安定する。主幹と交差する部分には、幹を傷つけないよう麻布などを巻くように。

［冬越し］

秋植えの場合は、樹種やその土地の気象条件など、冬越しのためになんらか手立てを打つ必要があります。たとえば温暖地を好むレモンは、関東でも気象条件によっては冬越しが厳しい場合も。鉢植えなら明るい玄関や軒下に取り込む、あるいは寒冷紗をかけて管理することで、寒さで弱る心配を軽減することができます。

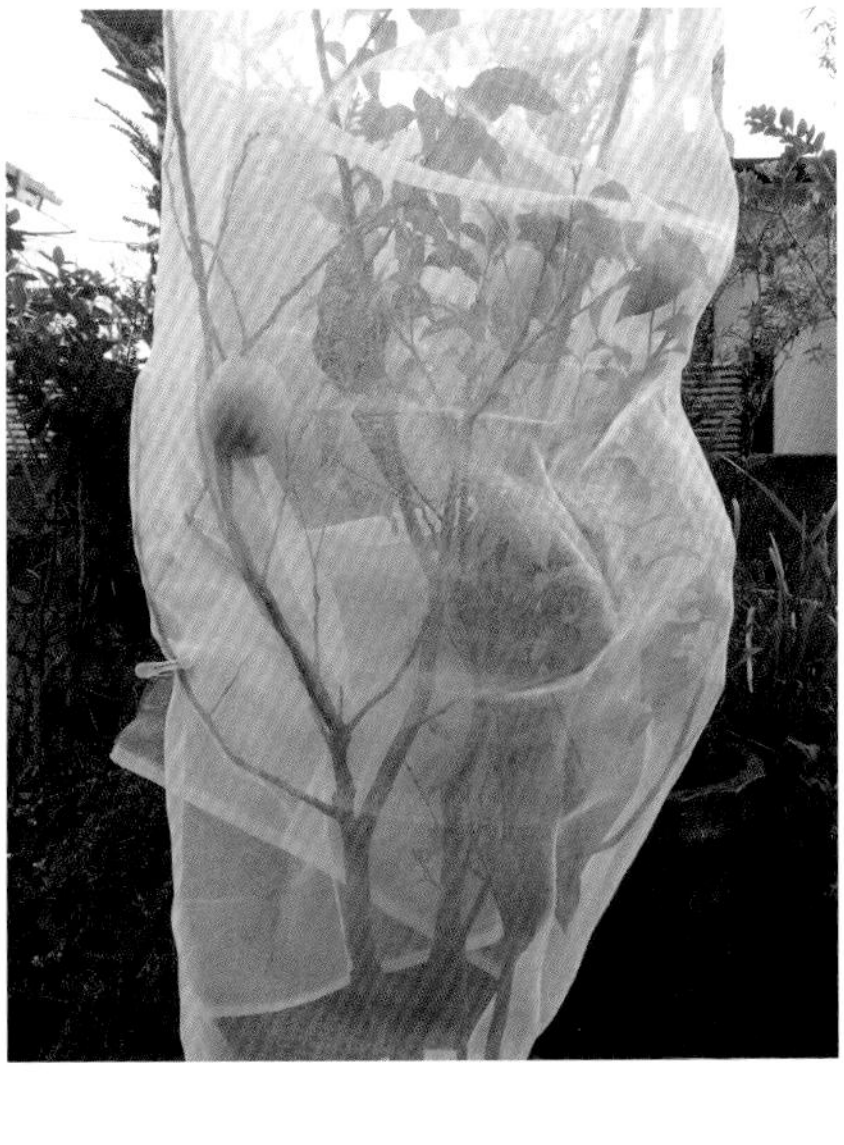

暖地でないと栽培が難しいとされていたレモンも、最近は東京近辺で栽培が可能に。寒冷紗で寒さ対策をすると安心。

寒冷紗をかけたほうが安心な植物

シジギウム、ミツバハマゴウ・プルプレア、ノボタン、ニオイバンマツリ、プルメリア、セルリアなど寒さに弱い植物。

鉢植えの樹木の植え替え

3~5年に一度は植え替えを

鉢植えの樹木は、植え放しにしておくと根詰まりを起こし、根が酸素不足になります。根詰まりを解消するために、3~5年に一度は根詰まりと水はけの確認をしましょう。鉢穴から根が出たり、水やりの際ウォータースペースから水がはけないようなら、植え替えのサインです。

植え替える鉢

根詰まりを起こしているティーツリー。水が吸い上げられず、一部枝が枯れてきている。

用意するもの

以下のほかに、培養土と棒を用意します。

植木鉢
もとの鉢よりひとまわり大きな鉢を用意。

ガーデニング用のハサミ
根を切ったり、枯れた枝を剪定する際に使用。

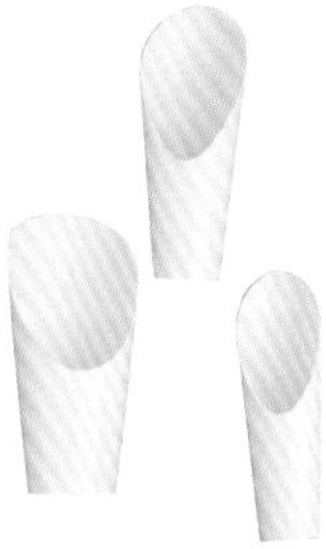

土入れ
鉢の大きさによって、使いやすい大きさのものを用意。

鉢底網
鉢底穴の大きさに合わせて、ハサミで切って使用する。

鉢底石
水はけをよくする。石のサイズは鉢のサイズにより調整。赤玉土大粒を代用することもできる。

植え方

1 鉢底穴よりひとまわり大きく切った鉢底網を敷く。

2 鉢の大きさにもよるが、底から深さ5cm程度鉢底石を入れる。

3 鉢から木を抜く。抜きにくい場合は鉢のふちをトントン叩く。

4 底の部分にハサミで十文字に切れ込みを入れる。

5 手で、下のほうの根をある程度取り除きながらほぐす。

6 下のほうの根をほぐしたところ。

7 かなり根が詰まっているので、ハサミで輪状に切り込みを入れる。

8 詰まった根を取り除く。

9 ハサミで肩の部分の、固まった土を落とし雑草などは抜く。

10 ハサミで外側の表面のみ、縦に数カ所切り込みを入れる。

11 表面の固まった根を取り除く。

12 根を傷めないよう、全体の2/3は残すこと。

13 伸びすぎた枝は、切り戻しをする。

14 枯れ枝は枝元から切る。

15 根の大きさとバランスが取れるよう、樹形をひとまわり小さくしておく。

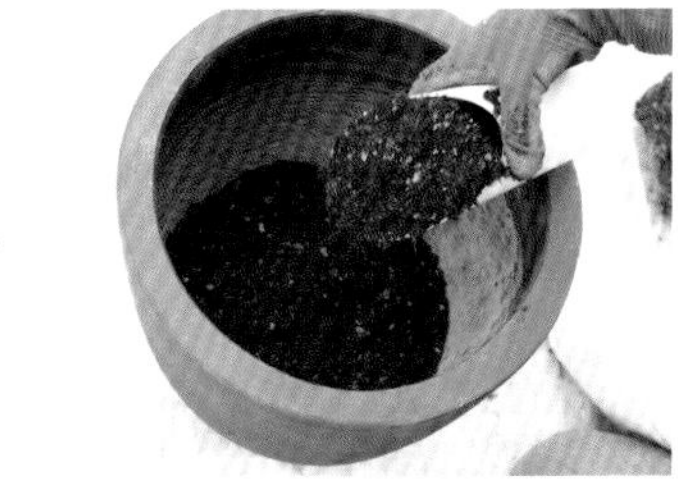

16 鉢に培養土を適量入れる。

17 ウォータースペース分を考慮し、地際に合わせて土の高さを調整する。

18 棒で土をよくつつき、根と土の隙間をなくす。培養土を足して調整。

19 鉢底から水が流れるまで、たっぷりと水をやる。

下草の管理

［花がら摘み］

花後、花を残しておくと、種をつくるために栄養がとられて株が弱ることがあります。種をとる目的がない場合は、花後は花がらを摘みましょう。とくに一年草は花をより多く、長く楽しむために、花後はこまめに花がら摘みを。花弁が葉に落ちて腐り、病気になることも防げます。

枯れた花は、花茎からハサミで切る。

［古葉切り］

ヤブランやカレックスなどの常緑多年草の場合、枯れた葉や茶色く変色した葉は、冬〜春先前に古葉を刈り取ることで、きれいな葉が出揃います。落葉する草ものは、草の養分が根に戻った落葉後に切り戻しましょう。

ヤブランの例

春先に新葉が出始めた状態。

古葉は切って落とす。

葉がきれいに出揃ったところ。

［切り戻し］

花が穂状に咲く植物や、匍匐《ほふく》性で茎がどんどん伸びていく植物は、花後を基本に切り戻しをしましょう。花数を増やして草姿を整える目的と、梅雨前や夏の間は、蒸れを防ぐ目的があります。

基本の切り戻し方は、2〜3節残して葉の上で切ります。葉のつけ根に芽があるので、そこから伸びて二番花が咲くこともあります。

タイムやベロニカ‘オックスフォードブルー’など、匍匐性の植物は、花後に半分ほどに切り戻しましょう。

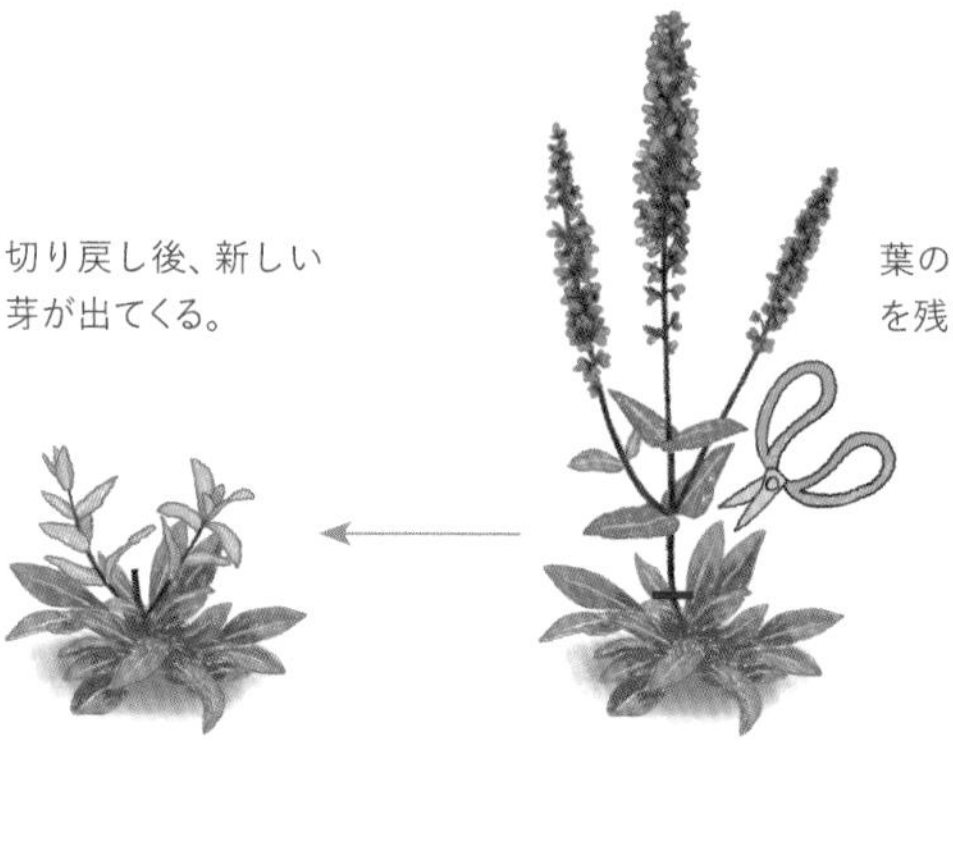

切り戻し後、新しい芽が出てくる。

葉のつけ根の芽を残して切る。

タイムの例

花が咲き、だいぶ枝も伸びている。

花後に半分くらい枝を切り戻し、枯れた枝も切り取る。

［肥料］

春～初夏（18～25℃くらい）の生育期や開花後に、液体肥料か固形肥料を与えます。土が固くなっている場合は、軽く耕しておくと、肥料の効きがよくなります。液体肥料は水やりと同時に施せるので手軽です。

植物の元気がないときに

植物の元気がないときは、肥料ではなく、活力剤を与えます。

植物活力剤（メネデール）
植物の成長に欠かせない要素を、根から吸収されやすい状態にした植物活力剤。弱ったときの活力アップや、植えつけ時の発根を促す働きがある。

［株分け・植え替え］

多年草は何年も植えたままにしておくと、大きくなりすぎたり、株の中央まで風や光が通らなくなり、衰えることがあります。鉢植えは根詰まりを防ぐためにも、2～3年に一度を目安に掘り上げて株分けをしましょう。手で分けられる程度に根が育ったときに行い、ハサミなどは補助的に使用しましょう。根が少ない状態で分けてしまうと育たないことがあるので、「2～3株ずつを一塊に」を目安にしましょう。

2～3株ずつを目安に、根を確認して株分けする。

ハサミやナイフは補助的に使用する。

［秋の整理］

秋に地上部が枯れる植物は、枯れた部分が害虫の越冬地や産卵地などにならないよう、根元から切り取ります。植物によっては、秋の終わりにすでに来年の芽が出ている場合もあります。枯れた部分を取り除くことで、新しい芽にしっかりと日が当たるようになり、春に美しく生え揃い元気に育ってくれます。

クリスマスローズなど常緑性の植物も、変色したり枯れた古葉は取り除きましょう。新芽が葉陰にならないように、なるべく日が当たるようにします。

フウチソウの例

地上部が枯れたフウチソウ。

地際から切り取る。

切り取り終えたところ。

クリスマスローズの例

花後に茶色くなった葉、黄色くなった葉は切り取る。

やがて真ん中から新しい葉芽が出る。

キク類の場合

花が咲き終わった茎は根元から切る。すでに翌年の芽が出ている。

病害虫を防ぐには

早期発見が一番

病害虫に対する最大の対策は、予防と早期発見です。早期発見して対処すれば、枯死を防ぐことができます。予防のためには、剪定を行い、通風と日照を確保すること。また土壌を改良することで菌による病気や地中の害虫を防げる場合もあります。

早期発見には、よく観察することが大事です。葉や幹の、成長の様子をよく見て、奇形や成長不良、葉が変色している場合は土の中を含めて、病気や害虫を疑いましょう。

害虫駆除が病気を防ぐ

害虫は葉や根を食べるだけではなく、木の養分を吸い、病気を媒介することもあります。害虫は手で取って駆除するか薬剤散布を。殺菌剤は病気の予防や、これ以上広がらないために役に立ちます。

キノコにも要注意。土や幹にキノコが生えると木を弱らせるので、見つけたら取り除きます。

代表的な病気

葉や枝などに粉のようなものがつく

うどんこ病

菌の胞子が風などに乗って広がり、葉などが白い粉をまぶしたようになる。湿気がある時期に発生しやすい。

すす病

葉や枝、幹にすすのような黒いカビが生える。カイガラムシやアブラムシ、コナジラミの排泄物を栄養にしているので、害虫予防や駆除が大事。

うどんこ病

灰色かび病

昼夜の寒暖差が大きい時期に発生しやすい。花のつぼみなどに灰色のカビが生え、進行すると腐ったり花弁に斑点が入る。

さび病

サビのような粉状のカビが葉を覆い、葉を枯らせてしまう。日照や通風をよくすると防ぐことができる。

こぶのようなものができる

根頭《こんとう》がんしゅ病

細菌が原因で地際付近や根にぼこぼこのこぶができて、生育を妨げる。根本的な治療法はないので、場合によっては根から抜いて、その場所には木を植えない。

こぶ病

木の幹や枝に、ざらざらして盛り上がったこぶができる。こぶの部分かこぶができた枝を切り取り、癒合剤を塗る。

葉が変色したり斑点が出る

モザイク病

ウイルスが原因で、葉に濃淡のモザイク模様ができる。アブラムシやコナジラミが媒介するので、害虫予防や駆除が大事。

変色や斑点の出る病変

炭疽《たんそ》病

木や草花の葉や茎、枝などに発生し、灰褐色～黒褐色の病斑が出て生育が悪くなる。梅雨や秋の長雨の時期に発生しやすい。

斑点病

カビや菌が原因で、葉に黒や褐色の斑点が現れる。

代表的な害虫

ハダニ
葉の裏について樹液を吸う。ハダニがつくと葉色が悪くなり、見た目も損なう。

コナジラミ類

白く小さい虫で、幼虫や成虫が主に葉の裏につき樹液を吸う。

カメムシ
果実を好んで食べるが、若い葉や茎などを食べることもある。

毛虫、イモムシ類
樹種によってつきやすい虫が違う。ツバキ類はチャドクガ、ミカンなどかんきつ類の葉にはアゲハの幼虫など。

カイガラムシ
白い貝殻状のメスと、細長いオスの幼虫が、集団で張りついて樹液を吸う。

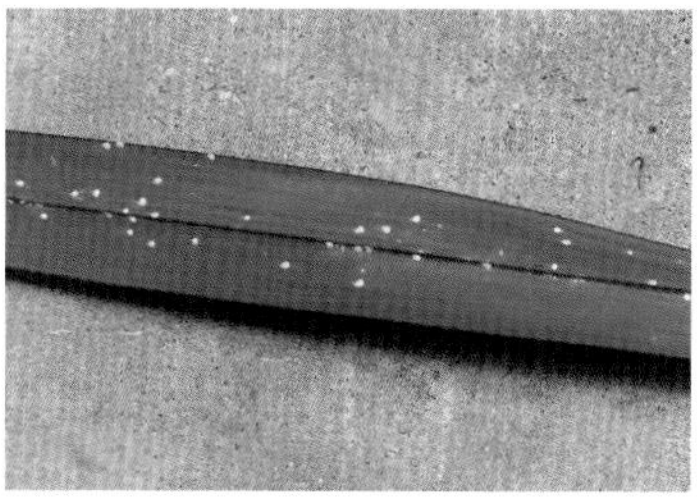

カミキリムシ/テッポウムシ
成虫は枝の表皮を食害。幼虫はテッポウムシと呼ばれ、木の幹の内部を食い荒らして大きなダメージを与える。

コガネムシ
成虫は花や葉を食害、土の中で暮らす幼虫は根を食べて草木を弱らせる。

アブラムシ類
新芽や若葉など、やわらかい部分に集団で寄生して樹液を吸う。すす病やモザイク病を媒介することもある。

オリーブゾウムシ/オリーブハマキムシ
オリーブハマキムシの幼虫は葉を巻いた中にいて、出てきて実を食べる。オリーブゾウムシは、幹を食害し、卵を産み、最終的には木を枯らす。

ハモグリバエ(エカキ虫)
葉の組織の中に卵を産み、幼虫が葉の内部を蛇行しながら食べるため、葉に絵を描いたような跡ができる。

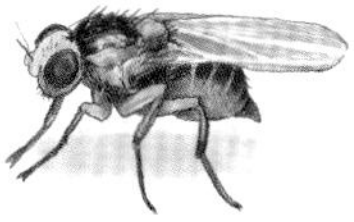

揃えておくと役に立つ薬剤類

デナポン・殺虫誘殺剤
(サンケイデナポン5%ベイト)
ネキリムシやヨトウムシなどを誘引し、食べさせて退治する薬剤。

ダイアジノン・有機リン系殺虫剤
(サンケイダイアジノン粒剤3)
コガネムシの幼虫やネキリムシを殺虫する粒状の薬剤。

カイガラムシ殺虫剤
(カイガラムシエアゾール)
カイガラムシ類の専用薬剤。

病気を予防する薬剤/殺虫殺菌剤
(ベニカXファインスプレー)
ハダニやアブラムシなど幅広い病害虫に散布可能。

監修　安元祥恵　やすもと・さちえ

グリーンプランナー、二級建築士。建築を学んだ後、ガーデン併設のインテリアショップに勤務したのをきっかけに植物の世界に。山野草ショップの立ち上げに参加し、盆栽の世界に魅了される。2002年よりフラワーデザインを宮崎秀人氏に師事。2012年インテリアとグリーンショップ「TRANSHIP」の立ち上げに携わり、空間における植栽の提案を行う。2017年より「PORTER SERVICES」にて庭づくりのプランニングから管理まで幅広く手がけている。『緑と空間を楽しむ インドアガーデン』（成美堂出版）を監修。

「PORTER SERVICES」ホームページアドレス：https://porter.services/

編集
マートル舎
篠藤ゆり、秋元けい子
撮影　竹田正道
写真提供
安元祥恵、葛西 愛、
Fumimatsu、
株式会社アルスフォト企画
イラスト　梶村ともみ
デザイン　高橋美保
編集担当
柳沢裕子（ナツメ出版企画株式会社）

特別協力
有福 創（ガーデンデザイナー）、矢田陽介（ガーデンデザイナー）
SA Lab.一級建築士事務所（島﨑将人＋石井円花）、株式会社テラジマアーキテクツ、
クルー建築設計事務所（川原崎唯史）、民 造園創作室（笠原芳昭）、豊田園芸、
株式会社川崎植物卸売センター（及川努）、有限会社はら園芸（及川努）
撮影・取材協力
東 真紀、新井ひろみ、伊佐敦子、石井健之、小川雅裕、角野大弘、川本澄久、吉川健一、
栗原美由紀、栗山ヒロ、小泉美智子、神山義之、五味田 海、佐々木 巌、佐藤千里、柴田明良・百合子、
杉原弘康、高橋ちぐさ、高山博子、舘野重子、手塚 環、友清直樹、中野一郎、ハイザー・ウェス、
服部 亜起彦・麻里、福間玲子、水上るり子、水谷 伊久夫、村田竹将、村田千春、
メゾンカトレア、森川宜昭、森田幸美、山田千佳、山中ユカリ、吉原 正　（五十音順）
犬猫食堂 紫陽花、苔むすび、バルビーブロー、CAFE THE GARDEN ina-machi、
cinq cafe kitaurawa、BAKERY SUGI-NO-KI、LE COFFRET DE COEUR

手《て》間《ま》いらずで一《いち》年《ねん》中《じゅう》美《うつく》しい
樹《じゅ》木《もく》とリーフで小《ちい》さな庭《にわ》づくり

2021年 3月 5日　初版発行
2021年 7月20日　第３刷発行

監修者　安元祥恵《やすもとさちえ》　Yasumoto Sachie, 2021
発行者　田村正隆

発行所　株式会社ナツメ社
東京都千代田区神田神保町1-52 ナツメ社ビル1F（〒101-0051）
電話　03（3291）1257（代表）　FAX　03（3291）5761
振替　00130-1-58661
制　作　ナツメ出版企画株式会社
東京都千代田区神田神保町1-52 ナツメ社ビル3F（〒101-0051）
電話　03（3295）3921（代表）
印刷所　図書印刷株式会社

ISBN978-4-8163-6973-5　Printed in Japan

本書に関するお問い合わせは、書名・発行日・該当ページを明記の上、下記のいずれかの方法にてお送りください。電話でのお問い合わせはお受けしておりません。
・ナツメ社webサイトの問い合わせフォーム
　https://www.natsume.co.jp/contact
・FAX（03-3291-1305）
・郵送（下記、ナツメ出版企画株式会社宛て）
なお、回答までに日にちをいただく場合があります。正誤のお問い合わせ以外の書籍内容に関する解説・個別の相談は行っておりません。あらかじめご了承ください。